Oraciones de Guerrero

Conversaciones con Dios

Oraciones de Guerrero

Conversaciones con Dios

por

Theda Vaughan

𝔒raciones de 𝔊uerrero Conversaciones con Dios
Derechos de Autor ©2025 *Theda Vaughan*

Todos los derechos reservados. Ninguna parte de este libro puede ser reproducida o utilizada de ninguna manera sin el permiso por escrito del autor, excepto para el uso de citas en una reseña de libro. Envíe un correo electrónico a theda@warriorprayerbooks.com

ISBN: 978-1-958818-10-7 (tapa blanda) Inglés
ISBN: 978-1-958818-13-8 (tapa blanda) Español
Número de control de la Biblioteca del Congreso: 2025916508

Publicado por
Juan Dieciséis 33
un sello de
Take Heart Books LLC Toledo, OH
Portada Original de *Emily Lide*
obra de arte de Canva

take heart books

La Santa Biblia, Nueva Versión Internacional ®, **NVI** ® Copyright © 1999, 2015 by Biblica, Inc. Utilizado con permiso. Todos los derechos reservados.

El texto Bíblico marcado **(RVR1960)** ha sido tomado de la versión Reina-Valera © 1960 Sociedades Bíblicas en América Latina © renovado 1988 Sociedades Bíblicas Unidas. Utilizado con permiso.

Biblia Reina-Valera 1977 **(RVR1977)** ©1977 Sociedades Bíblicas Unidas Usado con permiso. Todos los derechos reservados.

Santa Biblia, Nueva Traducción Viviente (**NTV**) ©2008,2010,2011,2015 Tyndale House Publishers, Inc. Usado con permiso. Todos los derechos reservados.

Nueva Biblia de las Américas (**NBLA**) © 2017 La Fundación Lockman. Todos los derechos reservados. Usado con permiso. www.lockman.org

Salmo 116:1-2 (NVI)

Yo amo al Señor porque él escucha mi voz de súplica.

Por cuanto él inclina a mí su oído, lo invocaré toda mi vida.

INTRODUCCIÓN

por

Ricky Vaughan

¿Cómo podría yo ser tan audaz como para venir ante Dios y pedirle cosas o hacer peticiones sobre mi vida y mi familia? ¿Eso es arrogante? ¿Es egoísta? ¿Es una situación de "lo que sea, será" o quiere Dios que participemos en cómo trabaja en nuestras vidas?

Dios está esperando y escuchando nuestras peticiones. Quiere compañerismo y comunicación con nosotros. En ***Filipenses 4:6*** Él dice: *No te preocupes ni te preocupes por nada, sino en todo [en cada circunstancia y situación] mediante la oración y la petición con acción de gracias, continúa haciendo que tus peticiones [específicas] sean a conocer a Dios.*

¡En cada circunstancia y situación, por oración y petición con acción de gracias, debemos hacer peticiones específicas a Dios! ¡Eso está muy claro! Nuestro Padre Celestial, el Dios del universo quiere saber de nosotros... ¡a menudo!

En ***Mateo 7:7-8*** Jesús dice -

Pide y se te dará; busca y encontrarás; llama y la puerta se te abrirá. Porque todo el que pide recibe; el que busca encuentra; y al que llama, la puerta se abrirá.

Pablo también nos recuerda en ***Romanos 8:32*** que, *Él que no perdonó a su propio Hijo, sino que lo dio por todos nosotros, ¿cómo no nos dará también, junto con él, todas las cosas?*

Un punto más de aliento en ***Efesios 3:20*** dice: *Ahora al que es capaz de hacer inmensamente más de todo lo que pedimos o imaginamos, de acuerdo con su poder que está trabajando dentro de nosotros.*

¡Servimos a un Dios tan grande y a un Dios generoso que nos ama y quiere lo mejor para nosotros! ¡Sus pensamientos están continuamente en nosotros!

***Salmo 139:17** ¡Cada momento estás pensando en mí! ¡Qué precioso y maravilloso considerar que me aprecias constantemente en cada uno de tus pensamientos!*

Este no es solo un libro sobre dar a conocer tus peticiones a Dios... Pero más bien un libro sobre la conexión con Dios, la comprensión de su voluntad y la oración de acuerdo con su voluntad. Cuando rezas según Su voluntad, ¡no puedes equivocarte!

Es un libro sobre estar de acuerdo con Dios. ¿Puedes equivocarte al estar de acuerdo con el Creador del universo? ¡No! *Y esta es la confianza que tenemos hacia él, que si pedimos algo de acuerdo con su voluntad, él nos escucha. Y si sabemos que nos escucha en lo que sea que le pidamos, sabemos que tenemos las peticiones que le hemos pedido.* **1 Juan 5:14-15**

¿Por qué un Tema de Guerrero?

¿Por qué un tema de guerrero? ¿Por qué no el amor y la paz y los arcoíris y las flores? ¿No debería la oración ser santa, dulce y reverente? Bueno... sí. La presencia de Dios es un lugar hermoso y poderoso. Un lugar de refugio, comodidad y paz. Sin embargo, también estamos en una guerra con un enemigo real y hay un tiempo para luchar en la presencia de Dios con nuestras oraciones e intercesiones.

Hay un ladrón que ha venido a robar, matar y destruir en este mundo. Va como un león probando e insistiendo para ver si puede devorar y traer confusión y destrucción a la vida de los seres queridos de Dios.

Satanás, un ser finito, ha elegido ir a la guerra con un Dios infinito. Él es pequeño y Dios es grande, así que no hay esperanza para él. No puede atacar a Dios, así que lo mejor que puede hacer es atacar a aquellos que Dios ama. Dios, en su sabiduría, ha elegido equipar a sus seres queridos con todas las armas necesarias no solo para frustrar los avances del enemigo, sino para derrotarlo en cada paso del camino.

En *Efesios 6*, Dios nos dice que *nos pongamos toda la armadura de Dios*. **La armadura es para la guerra.** Él nos instruye de no quitar ninguna parte de la armadura, de cubrir cada parte de nosotros mismos con su equipo de protección. Toda la armadura! Definitivamente hay guerra que librar en la vida cristiana diaria. La batalla se ha ganado! ¡Jesús es el vencedor! Pero todavía debemos hacer la guerra contra el enemigo. *Pero en todas estas cosas conquistamos abrumadoramente a través de Aquel que nos amó.* **Romanos 8:37**

¡Tú Pacto es Poderoso!

Es importante entender que cuando hiciste a Jesús el Señor de tu vida, entraste en un pacto con el Dios Eterno. ¿Pero qué significa eso? *¿Qué es un pacto?*

En el antiguo Medio Oriente, todo el mundo estaba familiarizado con los pactos. Un pacto era una unión, un compromiso o un vínculo de dos personas o grupos. Si hubiera una atracción mutua o una necesidad mutua, las dos personas elegirían entrar en un acuerdo inquebrantable. Este fue un acuerdo de por vida. Se entendía que todo lo que cada persona tenía ahora estaba disponible para el otro. Si tú tienes carencia y yo tengo riqueza, entonces ninguno de los dos tiene carencia. Si tú vas a la guerra con un enemigo, yo también voy a la guerra con ese enemigo. Esa bendición del pacto no solo llega a las dos partes, sino a todos sus descendientes.

Un pacto es una unión de alegría, no de obligación o temor. Ahora estamos unidos. No hay suplica. Lo que es mío es tuyo. Si necesitas fuerza o armas para pelear tu batalla, estoy ahí... sin preguntas... Solo estoy allí. Si te quedas corto y tengo recursos, ya no te quedas corto. De mi almacén viene tu suministro y bendición. Ahora eres mi pacto, hermano o hermana... mi vida es tuya.

Se confirmaba un pacto durante una comida... generalmente pan y vino. El pacto también se sellaba con el derramamiento de sangre, muchas veces un pequeño corte en la mano o la muñeca, y ambas partes juntaban sus manos, mezclando su sangre...convirtiéndose en una sola carne. Ambos miembros del pacto llevarían esa cicatriz por el resto de sus vidas. Si conociste a una persona y viste esa cicatriz, ahora sabes que hay más en esta persona de lo que parece. Detrás de él hay una asociación de pacto... si tratas con él, también tratas con el socio del pacto.

Entonces, ¿cómo se aplica todo esto a este libro y a estas oraciones? Cuando Jesús derramó su sangre en la cruz y recibimos su don de vida eterna, entramos en un pacto con el Dios Eterno. Marcamos, celebramos y recordamos este pacto con la comida de comunión.

Ahora, todo lo que Dios tiene está disponible para nosotros y debemos hacer que todo lo que tenemos y somos, disponible para Dios. Lo sé, lo sé... Él se llevó la peor parte de ese trato, pero de eso se trata Su gracia. Él nos toma y nos usa para traer Su gloria y Su reino a la tierra. Y nuestras oraciones y decretos ayudan a que esto se lleve a cabo.

The Verdadera Introducción

En una relación ideal, cada conversación debe ser un evento que acerque a ambos individuos. Que estas oraciones sean conversaciones que hagan precisamente eso contigo y tu Padre Celestial. Sin embargo, estas oraciones también deberían servir para llevar la voluntad de Dios en el Cielo a tu vida, a tu familia, a tu nación y a tu mundo. Usa estas oraciones para profundizar en Dios y su bondad.

EL ÍNDICE

Introducción... viii

Devocion.. xv

Página de Honor... xvi

1. Oración de Salvación 1
2. Una Palabra del Señor Sobre la Oración 3
3. Eres un Guerrero 5
4. Soy Tu Dios de Alianza 9
5. Profundizar mi Comprensión Pasando .. en Tu Presencia 11
6. Dios Es Mi Rescatador 13
   Momento de Alabanza #1 14
7. ¡Dios del Avance! 15
8. ¿De Quién es el Informe Que Vas A Creer? 17
9. Oración Por el Perdón y Compresión del Perdón de Dios 19
10. No Permitas Que Tu Pasado Defina Tu Futuro 21
11. Oración Por La Sanacion 24
12. Oración Por Tus Hijos 27
    Momento de Alabanza #2 29
13. No Tienes Que Ser Perfecto Para Ser Utilizado Por Dios 30
14. Persistente En Mi Búsqueda de Dios 32
15. Dios es Mi Solucionador de Problemas 34
16. Oración y Comprensión Tu Propósito 36
17. ¡Mantente la Lucha! 39
18. Orando a Través De la Ansiedad 41

Momento de Alabanza #3........................... *44*

19. *Rezando Por la Paz Medio del Gran Dolor* *45*

20. *No Dudes De Mi Palabra*............................ *47*

21. *Deseando las Profundidades De Dios*................... *50*

22. *Reza Para Los Sueños de tu Corazón*....................52*

23. *La Extravagancia De Dios*............................55*

24. *Muéstrame Que Estás en Los Detalles de Mi Vida*.......... *57*

Momento de Alabanza #4.......................... *59*

25. *Oración Sobre El Cansamiento*.........................60*

26. *Dios Es Mi Vencedor* *64*

27. *Reza Para Entender Que Dios Te Persige*.................. *66*

28. *Oración Por Tu Negocio Como Ministerio* *68*

29. *De Pie en La Brecha*. *71*

30. *Oración Por La Comprensión de La Fe* *74*

Momento de Alabanza #5 .... *76*

31. *Oración Para Entender Lo Grande Que Es El Amor de Dios Para Mí y Para Los Demás*............................. *77*

32. *Oraciones Sobre El Cambio*......................... *80*

33. *Oración Para Conquistar El Miedo* *82*

34. *Oración Por Tu Cónyuge* *83*

35. *Tratando Con Personas Que Te Lastiman* *85*

36. *Oración Por La Restauración* *88*

Momento de Alabanza #6.......................... *92*

37. *¡Dios Te Está Llamando!* *93*

38. *Oración Para Nuestra Nación*....................... *95*

39. *Alabanza y Adoración*. *97*

40. *Cielo Atractivo*.................................. *100*

41. *Orando Por el Favor de Dios* *102*

Momento de Alabanza #7.......................... *104*

42. *Orando Por Israel*................................. *105*

43. Ven Mas Alto ... 107
44. Acepta la Curación de Dios ... 109
45. Dios de Los Milagros ... 111
   Momento de Alabanza #8 ... ***113***
46. Poder de la Oración ... 114
47. Cómo Rezar en Medio de Una Tormenta ... 117
48. ¡Ayúdame Dios! Sigo Cometiendo Errores ... 119
49. Orando Para Superar la Soledad ... 122
50. Superar Obstáculos ... 125
51. Escuchando la Voz de Dios ... 127
52. Confianza en la Victoria ... 129

Sobre la Autora... cxxxi

DEVOCIÓN

A mi marido, que siempre me anima a escuchar al cielo... que siempre me anima y quién es la roca de nuestra familia...
Somos verdaderamente bendecidos con tu sabiduría, tu guía y tu amor.
Estoy muy agradecida de que Dios nos haya unidos.
¡Juntos lograremos grandes cosas para el reino de Dios!

PÁGINA DE HONOR

Ricky y yo queremos agradecer profundamente a nuestros pastores, **Thomas y Edna Jones**, de Solid Ground Ministries. Han sido nuestros pastores y amigos durante décadas. Han ejemplificado lo que significa amar y nunca comprometer la Palabra de Dios. Diariamente han inculcado en quienes los que les rodean una compasión para ayudar, amar y ministrar a los demás. Sus corazones para la salvación de los perdidos es incomparable. Sus pasión por la alabanza y la adoración es como ninguna que hayamos visto. Tienen un profundo deseo de que todos experimenten las profundidades del Señor.

Thomas y Edna, les agradecemos su aliento a lo largo de los años, les agradecemos su consistencia al recordarnos que "el fracaso no es una opción". Gracias por demostrar una actitud de nunca rendirse. Sin eso, este libro podría nunca haberse publicado. Ustedes son verdaderos guerreros por el Reino y estamos orgullosos de llamarlos amigos y pastores.

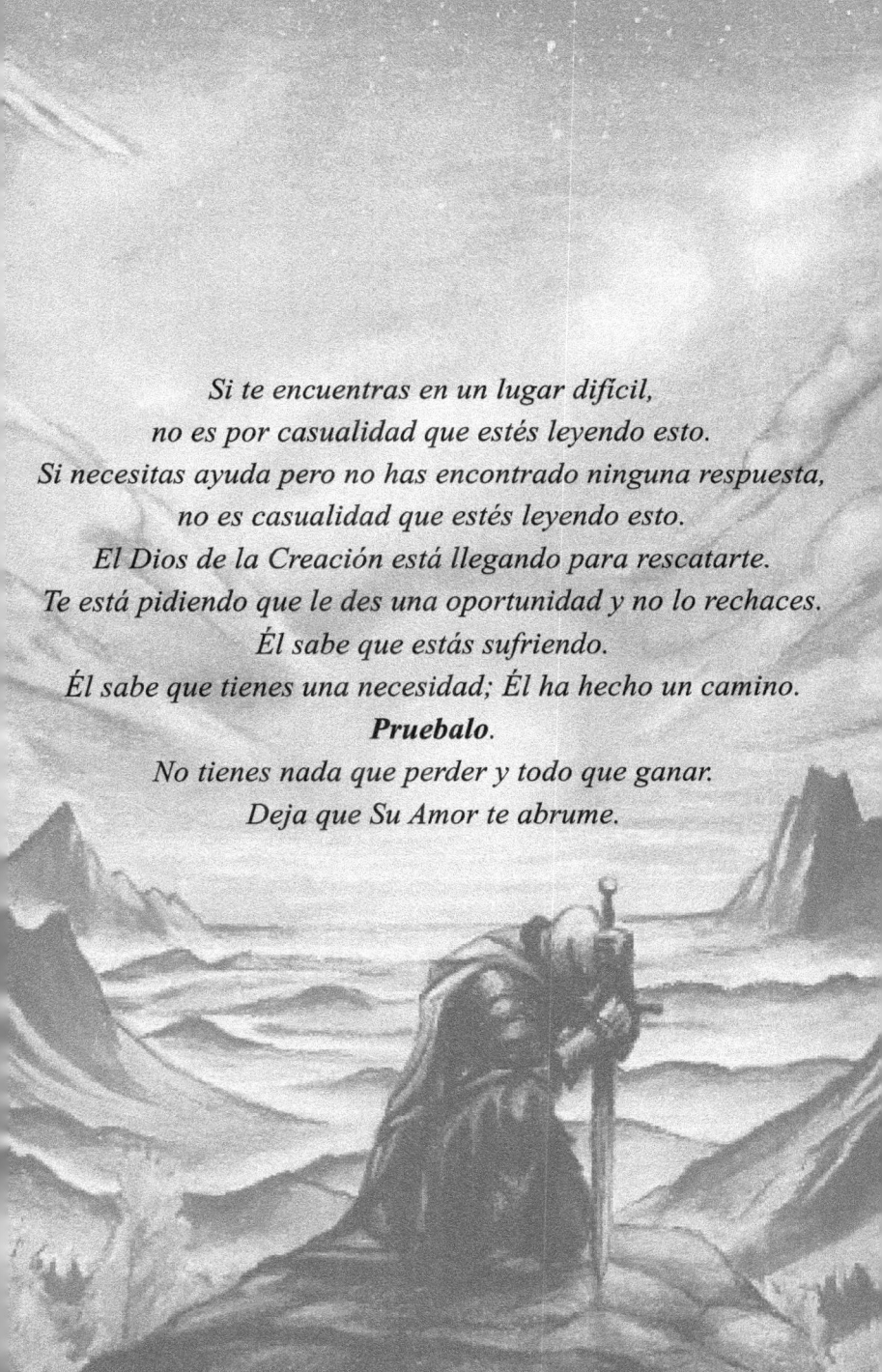

Si te encuentras en un lugar difícil,
no es por casualidad que estés leyendo esto.
Si necesitas ayuda pero no has encontrado ninguna respuesta,
no es casualidad que estés leyendo esto.
El Dios de la Creación está llegando para rescatarte.
Te está pidiendo que le des una oportunidad y no lo rechaces.
Él sabe que estás sufriendo.
Él sabe que tienes una necesidad; Él ha hecho un camino.
Pruebalo.
No tienes nada que perder y todo que ganar.
Deja que Su Amor te abrume.

1

ORACIÓN DE SALVACIÓN

Porque tanto amó Dios al mundo ...

Antes de empezar a leer y hablar estas oraciones guerreras, debes asegurarte de que realmente eres parte de la familia de Dios. *No estás leyendo este libro por accidente.* Es una cita divina para que conozcas a tu Dios Creador. Si nunca le has pedido a Jesús que sea el Señor de tu vida y venga a vivir en tu corazón, entonces Dios quiere que sepas que Él te ama tanto, que dejó que su único hijo, Jesús, sufriera y muriera en la cruz por ti y por tus pecados. Luego entró en el pozo del infierno y derrotó a Satanás y a sus cohortes, haciendo un camino para que vayas al cielo y vivas en una eternidad perfecta con Él. *Jesús puso su vida por ti.* Él soportó un gran sufrimiento por ti. Hizo una manera de que caminaras victorioso en tu vida diaria porque conoce los desafíos a los que te enfrentas. Hizo una manera de que te sanaran, hizo una manera de que fueras rescatado de donde estás ahora mismo, sin importar lo que hayas hecho o estés haciendo, en tu vida. Su amor es tan grande que lo conquistó todo solo por ti. No hay nada que hayas hecho que sea demasiado grande o tan malo que él no pueda perdonar. Él está aquí, ahora mismo, con los brazos abiertos extendidos hacia ti, pidiéndote que lo recibas. Es muy sencillo. Así que, por favor, si no has pedido a Jesús en tu corazón y le has pedido que sea el Señor de tu vida, hazlo ahora, diciendo estas palabras en voz alta:

Padre Dios, sé que he hecho muchas cosas que están mal y que soy un pecador, y te pido perdón. Creo que tu hijo murió por mí en la cruz y resucitó de entre los muertos. Elijo alejarme de mis pecados y pedirle a Jesús que entre en mi corazón y en mi vida.

Jesús, quiero confiar y seguirte como mi Señor y Salvador. Quiero ser todo lo que me creaste para ser.

Gracias, Jesús, por entrar en mi corazón. Amén.

Juan 3:16 (NVI) Porque tanto amó Dios al mundo que dio a su Hijo único, para que todo el que cree en él no se pierda, sino que tenga vida eterna.

2

UNA PALABRA DEL SEÑOR SOBRE LA ORACIÓN

Deja que mi amor te arrastre a la oración...

Hijo mío, ¡soy tu única esperanza, no tu último recurso! La oración debe ser una parte vital e intrincada de tu vida. Es tu salvavidas. Sin oración no puedes conectarte conmigo. Sin oración, estás eligiendo vivir una vida por debajo del estándar. Sin oración no tienes poder sobre el enemigo.

Es fundamental que te comuniques conmigo a diario. Los problemas de la vida son demasiado grandes para que lo hagas solo. No te creé para hacerlo solo. Te creé para comulgar con nosotros (Padre, Hijo y Espíritu Santo). El enemigo te lanza flechas y dardos todos los días para derrotarte y evitar que avances. El enemigo no quiere que pases tiempo en oración, pero...

La oración corta el ruido y te permite escuchar.
Cuando rezas, puedes escuchar los latidos de mi corazón. Cuando rezas, puedes escuchar mis deseos por ti. Puedes escuchar los planes que tengo para ti, tu familia, tu negocio o tu trabajo. El ruido de la vida es muy fuerte. La oración corta el ruido y te permite escucharme. Yo soy el que tiene todas tus respuestas, soy el que da dirección y guía. Yo soy el que conoce tu comienzo desde tu fin. ¿Por qué elegirías no rezar? Es una tontería no rezar. Los perdidos y los malhechores

no rezan. ¿Por qué serías como ellos?
Conectar conmigo da una definición a tu vida de que
no tendrías otra manera. Tienes dirección,
Guía y revelación. Tienes consuelo y paz cuando te
conectas conmigo. La oración no es algo que deba ser
casual. No debería ser algo que hagas cuando tengas
un minuto. La comunicación conmigo debe ser inten-
cional y con propósito, llena de expectativas de que
te has conectado con el cielo, te has conectado con tu
creador, te has conectado con tu Salvador. ¿Por qué
harías eso porque tienes un minuto?
Deja que mi amor te arrastre a la oración. Si no has
estado pasando tiempo conmigo, no te condenes, pero
atrae a mí. Mi amor te está metiendo en mi presencia.
No lo ignores. Acéptalo. Tengo mucho para que sepas
y entiendas. Tengo tantas bendiciones que derramar,
pero si no estás conectado, echarás de menos mis
bendiciones. No puedes descubrir quién soy en mis
profundidades sin oración. Debes sumergirte profun-
damente. La abundancia de la vida está en lo más
profundo, la comprensión de mi amor extremo y com-
pasión está en lo más profundo. Tu protección está en
el fondo. Sígueme a las profundidades.
¡Dice tu Señor!

Padre, enséñame a rezar. Acérqueme a ti. Deja que la oración sea mi lugar de ir en cada situación y no mi último recurso. Mientras entro en tu presencia, mientras rezo estas oraciones, déjame escuchar tu voz, déjame sentir tu amor por mí y entender tu amor y compasión por los demás.

En el nombre de Jesús. 𝔄𝔪é𝔫.

3
ERES UN GUERRERO

Tomen también el casco de la salvación, y la espada del Espírit..

Está claro, si estás en el reino de Dios, ERES UN GUERRERO. Dios es específico al decirnos que tenemos un adversario. A pesar de que tenemos un adversario, Dios nos ha equipado para superar a ese adversario. (*Tu enemigo, el diablo, merodea como un león rugiente buscando a alguien a quien devorar.*) También nos ha permitido evitar sus tácticas y estrategias. Dios nos dio su armadura. Si no somos guerreros en el reino de Dios, ¿por qué necesitaríamos armaduras? No lo haríamos.

Si bien nunca queremos dar crédito a Satanás y a sus secuaces por nada, Dios tiene claro que no luchamos con carne y sangre (gente), sino con principados. *Efesios 6:12 (NVI) Porque nuestra lucha no es contra seres humanos, sino contra poderes, contra autoridades, contra potestades que dominan este mundo de tinieblas, contra fuerzas espirituales malignas en las regiones celestiales. 1 Pedro 5:8 (NVI) Practiquen el dominio propio y manténganse alerta. Su enemigo el diablo ronda como león rugiente, buscando a quién devorar.* Muchos cristianos no piensan en el reino espiritual y en la batalla que ocurre constantemente. Vamos a comprometernos con el cielo en oraciones, alabanzas, adoración y empuñando nuestra espada. Así es como luchas tu batalla y ayudas a otros a luchar la suya. Ponte tu armadura, reza y empuña tu espada. (LA PALABRA)

Muchos cristianos también piensan que pase lo que pase es la voluntad de Dios. **Detente y piensa realmente en eso.** ¿Es la voluntad de Dios que se lleve a cabo el tráfico de niños, que el asesinato y las violaciones se lleven a cabo? ¡NO! No confundas las acciones del enemigo con la voluntad de Dios. Sin entrar en una enseñanza en profundidad sobre este tema, solo debes saber que al principio, Satanás engañó a Eva para que comiera el fruto y Adán comió deliberadamente del fruto que Dios dijo que no comiera. Cuando eso sucedió, Adán entregó la autoridad de la tierra que Dios le había dado (Adán), a Satanás; a la oscuridad. Pero Dios hizo una manera para que derrotemos el mal y nos devolvimos nuestra autoridad a través de Jesús. Alabado sea Dios, a través de Jesús tenemos la victoria.

Sin embargo, debemos actuar. Este libro es una herramienta para que te involucres con el cielo, usando tu autoridad para derrotar la oscuridad en tu vida, en la vida de tu familia e incluso en tu nación.

Efesios 6:10-18 (NBLA) Por lo demás, fortalézcanse en el Señor y en el poder de Su fuerza. Revístanse con toda la armadura de Dios para que puedan estar firmes contra las insidias del diablo. Porque nuestra lucha no es contra sangre y carne, sino contra principados, contra potestades, contra los poderes de este mundo de tinieblas, contra las fuerzas espirituales de maldad en las regiones celestes. Por tanto, tomen toda la armadura de Dios, para que puedan resistir en el día malo, y habiéndolo hecho todo, estar firmes. Estén, pues, firmes, CEÑIDA SU CINTURA CON LA VERDAD, REVESTIDOS CON LA CORAZA DE LA JUSTICIA, y calzados LOS PIES CON LA PREPARACIÓN PARA ANUNCIAR EL EVANGELIO DE LA PAZ.

> *Sobre todo, tomen el escudo de la fe con el que podrán apagar todos los dardos encendidos del maligno. Tomen también el CASCO DE LA SALVACIÓN, y la espada del Espíritu que es la palabra de Dios. Con toda oración y súplica oren en todo tiempo en el Espíritu, y así, velen con toda perseverancia y súplica por todos los santos.*

Esta es una armadura espiritual, no una armadura natural. Cuando empuñamos nuestra espada contra nuestro enemigo, no es una hoja de acero y hierro, sino una hoja que es más afilada que cualquier espada natural de dos filos.

¡ES LA PALABRA DE DIOS!

Si bien hay varias piezas de tu armadura, este libro se centra en tu espada. (La Palabra de Dios.) Tu espada es tu arma ofensiva y defensiva. Siempre es mejor estar en una postura ofensiva que en una postura defensiva. Tu espada, la Palabra de Dios, se puede usar en tiempos de problemas y se puede usar contra el enemigo con éxito. Debe usarse a diario para mantener alejado al enemigo antes de que tenga éxito en interrumpir las cosas en tu vida y en la vida de los demás.

Esta es la razón por las oraciones que estás a punto de leer y **HABLAR EN VOZ ALTA** se consideran Oraciones de Guerreros! Cuando Satanás tentó a Jesús en el desierto, **JESÚS HABLÓ: "ESTÁ ESCRITO."** Esto es Jesús empuñando la Espada del Espíritu. Este es nuestro EJEMPLO.

Estamos en el ejército de Dios; tenemos nuestras armas defensivas y ofensivas y no debemos dejar que se queden inactivas. Debemos estar completamente adornados con Su Armadura. Debemos empuñar continuamente la Espada del Espíritu. **Estar en el ejército de Dios no es pasivo. Está activo**. Al reino de la oscuridad le encantaría ganarse el Reino de la Luz. El enemigo solo puede ganar si somos pasivos y nos negamos a participar en la batalla sobre oscuridad.

Sé un Guerrero, sé activo, sabiendo que el Señor Dios Todopoderoso te llevará con éxito a la victoria!

4

SOY TU DIOS DE ALIANZA

el Señor tu Dios es el único Dios, el Dios fiel...

Deuteronomio 7:9 (NVI) Por tanto, reconoce que el Señor tu Dios es el único Dios, el Dios fiel, que cumple su pacto por mil generaciones y muestra su fiel amor a quienes lo aman y obedecen sus mandamientos,

Hebreos 13:20-21 (NVI) El Dios de paz levantó de entre los muertos al gran Pastor de las ovejas, a nuestro Señor Jesús, por la sangre del pacto eterno. Que él los capacite en todo lo bueno para hacer su voluntad. Y que, por medio de Jesucristo, Dios cumpla en nosotros lo que le agrada. A él sea la gloria por siempre jamás. Amén.

Una Palabra del Señor para Ti

Hijo mío, YO SOY tu Dios Vivo. SOY tu Dios pacto. Soy el Dios de Grandes Expectativas. Uno de mis mayores deseos es que entiendas realmente la relación de pacto que tengo para ti, haciendo pasar la manifestación de las grandes expectativas que tengo por ti. El poder de mi amor, solidificado por mi pacto, es un poder extremo; es una bendición extrema; es sabiduría extrema, conocimiento y comprensión extremos. Todo lo que haces está envuelto en mi pacto extremo. Pero no lo entiendes. Necesito que lo entiendas. Necesito que busques en lo más profundo de ti mismo y en lo profundo de mi Palabra para la

*comprensión de lo que mi pacto realmente significa
y hace por ti. Porque con ese conocimiento, tu vida
fluirá mucho más de lo que lo hace actualmente. Si
tu vida es genial ahora, yo puedo ser aún mejor. Si
estás luchando por la vida, entender el significado
de nuestro pacto juntos te hará pasar al otro lado.
Si te estás ahogando con los problemas de la vida, es
tu salvavidas. Estás sellado por un Pacto de Sangre
irrompible. Estar en pacto conmigo significa que todo
lo que soy es tuyo y todo lo que eres es mío. Significa
que tus debilidades y deficiencias se convierten en mí
y mi fuerza y armas son tuyas. Hay un intercambio de
identidad, ahora estás en Mí y yo ahora estoy en ti. Al
igual que lo hice con Abraham y Sarah; cuando hice
un pacto con ellos, Mi identidad cambió al Dios de
Abraham y al Dios de Sarah; y fue entonces cuando
cambié sus nombres e identidad para representarme
cambiando sus nombres de Abram y Sarai a Abraham
y Sarah porque respiré mi pacto en ellos. Incluso
sus herederos y descendientes están incluidos en este
pacto. Necesito que entiendas que todo de Mí, el Gran
YO SOY, está en ti. Mi poder; Mi paz, Mi curación,
Mi amor, Mis victorias, Mi sabiduría. La lista es
infinita porque yo soy infinito. Con este entendimiento
te darás cuenta de que soy el Dios que tiene grandes
expectativas para ti. Mientras rezas estas oraciones,
recuerda siempre que estás activando tus derechos
de pacto. Mi pacto no se puede romper. Mantener su
conexión de pacto a la vanguardia de su vida diaria
le cambiará la vida. Deja que este pensamiento se
marque en tu mente;
YO SOY EL DIOS de_____
(pon tu nombre aquí)
Espera grandes cosas, porque yo soy genial, dice
tu Dios de Alianza!*

5
PROFUNDIZAR MI COMPRENSIÓN
PASANDO MÁS TIEMPO EN TU PRESENCIA

Porque el Señor da la sabiduría..

Padre, vengo ante ti hoy pidiendo que a medida que profundizo en ti, te vuelvas más vivo dentro de mí. Tu palabra dice en **Mateo 16:19 (NVI)** *Te daré las llaves del reino de los cielos; todo lo que ates en la tierra quedará atado en el cielo y todo lo que desates en la tierra quedará desatado en el cielo.*

Por lo tanto, ato las distracciones que me impiden pasar tiempo contigo. Estoy decidido a no dejar que nada, trabajo, familia, amigos o cualquier actividad, venga antes de mi tiempo contigo. Busco desesperadamente sabiduría, conocimiento, comprensión y discernimiento para poder vivir una vida que sea agradable para ti y útil para los que me rodean. Recuérdame constantemente que mis acciones, o la falta de acciones, pueden detener o sofocar mi progreso hacia adelante o incluso hacerme retroceder. Reconozco que mi familia, amigos, compañeros de trabajo, empleados, etc., pueden verse afectados positiva o negativamente en función de lo fuerte que sea mi relación contigo. Tu Palabra dice, en **Proverbios 3:5-6 (NVI)** *Confía en el Señor de todo corazón y no te apoyes en tu propia inteligencia. Reconócelo en todos tus caminos y él enderezará tus sendas.*

Así que, Señor, elijo someterme a ti y no apoyarme en mi entendimiento, sino apoyarme en el tuyo. Padre, ayúdame a ser la persona para la que me creaste. Cumpliendo la esperanza y el futuro que tienes para mí. *Jeremías 29:11(NVI) Porque yo conozco los planes que tengo para ustedes —afirma el Señor—, planes de bienestar y no de calamidad, a fin de darles un futuro y una esperanza.*

Padre, me niego a dejar nada sobre la mesa. No me comprometeré; no cederé; no me distraeré; no me rendiré; no me influiré por lo que sea que la vida me arroje para dejar de engacharte con todo mi corazón. Sé que la sabiduría y el conocimiento vienen de ti. *Proverbios 2:6 (NVI) Porque el Señor da la sabiduría; conocimiento e inteligencia brotan de sus labios.*

Sé que deseo que tu voz sea la más fuerte que escucho. Deseo que el Espíritu Santo sea activo en cada detalle de mi vida, ya sea personal o profesional. Caminaré por el camino que creaste para mí en su perfección, porque elijo mantener mis ojos sobre ti.

No voy a dejar que el enemigo me robe el tiempo contigo. *Juan 10:10 (NVI) El ladrón no viene más que a robar, matar y destruir; yo he venido para que tengan vida y la tengan en abundancia.*

El enemigo es un ladrón. Él no me robará. Él no me robará el tiempo, no me robará lo mejor para mí y mi familia. Él no me robará nada.

Estoy decidido a buscarte todos los días, Señor.

Todos los días escucharé tu voz.

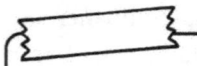

Todos los días obedeceré tu voz y todos los días te elijo a TI primero.

6

DIOS ES MI RESCATADOR

Extendiendo su mano desde lo alto, tomó la mía...

Padre, tu Palabra muestra que eres mi rescatador, que el mayor rescate que realizaste fue en la cruz. Me salvaste de la muerte, el infierno y la tumba. *El Salmo 18:16-29* muestra cómo me rescataste de mi fuerte enemigo. Me rescatas de aquellos que me odian. Me rescatas de aquellos que son demasiado fuertes para mí. Cuando estoy débil y en apuros, me rescatas.

Padre, ayúdame a reconocerte como mi Rescatador. Que no importa lo que enfrente, puedo confiar en que estés ahí para mí. Puedo depender de la guía del Espíritu Santo para guiarme y dirigirme. Puedo confiar en tu Palabra para que también me dirija. Muéstrame en tu Palabra la respuesta a cualquier problema que enfrente. Si mi cuerpo necesita rescate, decretaré escrituras curativas sobre mi cuerpo. Si necesito paz, decretaré escrituras de paz sobre mi vida. Si necesito recursos como finanzas, personas o cualquier cosa que tenga que ver con la provisión de una necesidad, decretaré lo que tu Palabra dice al respecto. Estoy de acuerdo con tu palabra.

Padre, porque tú eres tu Palabra, me saturaré en tu Palabra sabiendo que eres mi Rescatador y que contigo, todas las cosas son posibles.

En el nombre de Jesús. Amén.

MOMENTO DE ALABANZA #1

Padre, quiero parar y darte las gracias.
No quiero pedirte nada.
Solo quiero entrar en tu presencia con agradecimiento.
Quiero darte las gracias por tu promesa de nunca dejarme ni abandonarme.
Quiero agradecerte por venir a darme vida, y darla más abundantemente.
Quiero darte las gracias por poder venir y permanecer en mi. Gracias por ser mi Refugio y mi Roca en la que confío.
Gracias por estar conmigo, por lo tanto, quién puede estar en mi contra.
Gracias por que cada regalo bueno y perfecto viene de arriba.
Gracias por tus maravillosos trabajos.

Salmos 28:7 (RVR1960) Jehová es mi fortaleza y mi escudo; En él confió mi corazón, y fui ayudado, Por lo que se gozó mi corazón, Y con mi cántico le alabaré.

Isaías 12:4 (RVR1960) Y diréis en aquel día: Cantad a Jehová, aclamad su nombre, haced célebres en los pueblos sus obras, recordad que su nombre es engrandecido.

7
¡DIOS DEL AVANCE!

Ustedes quédense quietos, que el Señor presentará batalla por ustedes.

¡Gracias Padre, que eres el Dios del avance! Gracias que no importa lo difíciles que se pongan las cosas, puedo estar de buen ánimo porque sé que eres el Dios del Avance. Me has dado todo lo que necesito para romper todo lo que venga contra mí o mi familia.

Señor, uno de tus nombres es Jehová Perazim, el *Dios del Avance*. Nos diste tus diferentes nombres a lo largo de la Palabra para mostrarnos tus muchos rasgos diferentes. Qué promesa tan poderosa. Tú eres el **Dios del Avance**.

Hoy, Señor, tengo varias cosas en las que necesito experimentar un gran avance:

1. He estado rezando durante mucho tiempo por_____ _____.
2. Hoy, vengo a pedirte que las cosas cambien, para que haya movimiento en_____.
3. Hoy, elijo alabarte a lo largo del día por ser Jehová Perazim.
4. Dame conocimiento para entender qué papel necesito desempeñar para avanzar hacia mi vida.

Padre, en *Éxodo 14:14 (NVI) Ustedes quédense quietos, que el Señor presentará batalla por ustedes.*

Le estabas diciendo a los Israelitas que su avance se acercaba. Su victoria estaba a la mano. SEÑOR, habías dejado que los Israelitas vieran tu poderosa mano muchas, muchas veces mientras estaban siendo liberados de las manos de los Egipcios. Les estabas diciendo que se quedaran quietos y que te dejaran luchar por ellos.

Padre, ayúdame a tener la confianza para dejarte luchar por mí. Cuando haya hecho todo lo que puedo hacer, entonces me pondré de pie porque tú eres el Señor, mi Dios, y Tú estás conmigo. *Efesios 6:13-14 (NVI) declara: Por lo tanto, pónganse toda la armadura de Dios, para que cuando llegue el día malo puedan resistir hasta el fin con firmeza. Manténganse firmes, ceñidos con el cinturón de la verdad, protegidos por la coraza de justicia.*

8

¿DE QUIÉN ES EL INFORME QUE VAS A CREER?

Y la paz de Dios, que sobrepasa todo entendimiento...

Padre, muchas veces cuando vengo ante ti es difícil entender realmente por lo que estoy pasando. A veces me enfrento a cosas que parecen insuperables. Estoy experimentando uno de esos momentos ahora. Recibí un mal informe, Señor, y mientras busco respuestas en tu Palabra, me doy cuenta de que Tu Palabra me hace una pregunta en Isaías 53:1. Pregunta, ¿de quién es el informe que voy a creer? En Isaías, cuando se le hizo esa pregunta a tu pueblo, les habías dado profecías de restauración y redención. Profecías de bendiciones y victorias a pesar de que habían estado pasando por cautiverio y destrucción.

Por favor, ayúdame a recordar que a lo largo de Tu Palabra has hecho promesa tras promesa con respecto a todos los problemas que enfrento. Tu Palabra dice que puedo tener victoria, que puedo tener comprensión. Tu Palabra dice en *Lucas 1:37(RVA) Porque ninguna cosa es imposible para Dios.*

Entonces, ¿de quién es el informe que voy a creer?

¿De quién es el informe que voy a creer?

Creo en tu informe, SEÑOR.

Hoy, elijo pensar, decir y creer como tú. Cuando el médico diga que estoy enfermo, creeré tu informe que dice **POR LAS RAYAS DE JESÚS ESTOY SANADO.** *Isaías 53:5 (RVR1977) Mas él fue herido por nuestras transgresiones, molido por nuestros pecados; el castigo de nuestra paz fue sobre él, y por sus llagas fuimos nosotros curados.*

Cuando haya caos a mi alrededor y mi mente esté en agitación, creeré en tu informe que dice que eres el Dios que me da paz que supera todo entendimiento. *Filipenses 4:7 (RV1960) Y la paz de Dios, que sobrepasa todo entendimiento, guardará vuestros corazones y vuestros pensamientos en Cristo Jesús.*

No importa cuál sea el informe, SEÑOR, ya sea una pérdida, falta, enfermedad, ansiedad o miedo, tu Palabra es verdadera y elijo creer en tu promesa en el *Salmo 34:19 (RVR1977) Muchas son las aflicciones del justo, pero de todas ellas le librará Jehová.*

Rezo por liberación hoy, SEÑOR, de acuerdo con tu Palabra.

¡Gracias por la victoria!

¡Por las rayas de Jesús estoy sanado!

9
ORACIÓN POR EL PERDÓN Y COMPRENSIÓN
DEL PERDÓN DE DIOS

Por lo tanto, ya no hay ninguna condenación para los que...

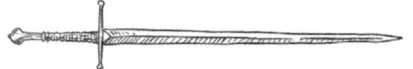

1 Juan 1:9 (NVI) Si confesamos nuestros pecados, Dios, que es fiel y justo, nos los perdonará y nos limpiará de toda maldad.

Colosenses 3:13 (NVI) de modo que se toleren unos a otros y se perdonen si alguno tiene queja contra otro. Así como el Señor los perdonó, perdonen también ustedes.

Efesios 1:7 (NVI) En él tenemos la redención mediante su sangre, el perdón de nuestros pecados, conforme a las riquezas de su gracia

Romanos 4:7-8 (NVI)¡Dichosos aquellos a quienes se les perdonan las transgresiones, cuyos pecados son cubiertos! ¡Dichoso aquel cuyo pecado el Señor no tomará en cuenta!

Una Palabra del Señor Para Ti

El perdón es Mi latido. Sin el perdón no podríamos tener una relación. El deseo de Mi corazón es tener una relación contigo, una relación íntima contigo y el pecado nos separa de eso. Cuando me pediste que fuera el Señor de tu vida, inmediatamente te quité tus pecados. Es por eso que sentiste un levantamiento de peso de ti en ese glorioso día que Me recibiste. Ahora, mientras caminas por esta vida como mi hijo, tienes una brújula interna que apunta al bien y al mal para que no caigas en tus viejas costumbres. 2 Cor. 5:17 Por lo tanto, si alguno está en Cristo, es una nueva creación. ¡Lo viejo ha pasado, ha llegado ya lo nuevo! El Espíritu Santo te lleva hacia *justicia cuando estás a punto de pecar o ir en contra de mi Palabra. El Espíritu Santo te pide que te mantengas alejado de cosas que podrían ser peligrosas para ti o tu familia. El enemigo intenta decirte todas las cosas que has hecho mal o que podrías haber hecho mejor. Ese es su camino. Él va como un león rugiente buscando a quién PUEDE devorar. Uno de sus trucos es provocar la condena. Pero te digo en **Romanos 8:1 Por lo tanto, ya no hay ninguna condenación para los que están en Cristo Jesús.** Si has pecado, hijo mío, trae ese pecado ante mí y pide perdón, luego aléjate de ese pecado. No vuelvas a tus viejas costumbres. Por favor, comprende, es mi mayor alegría cuando mis hijos se dirigen a mí y piden ayuda, ya sea que esté pidiendo perdón o algo más, quiero ayudarlo, quiero liberarlo, quiero perdonarlo y ponerlo en el camino correcto. No corras de mí, corre hacia mí. Tu respuesta está en Mí. No puedes hacer nada tan grande que yo no pueda perdonar. Nunca has hecho nada que me haya sorprendido y nunca lo harás. Recuerda el ejemplo de David. ¡Le dije que era un hombre según mi propio corazón! David era un asesino. Yahweh Hesed es uno de mis muchos nombres, este nombre significa Dios del Perdón. No puedes separarme de lo que soy. Yo soy el Dios que perdona. Asi que acércate a mí hoy y confiesa tu pecado y aléjate de ese pecado. Entonces caminemos juntos de la mano hacia la victoria.*

Padre, gracias por tu palabra para mí. Gracias, estás lleno de compasión y misericordia. Gracias porque tu perdón me restaura y me renueva y me permite seguir adelante. Padre, elijo este día parar y alejarme de las cosas que estoy haciendo que no te agradan. ¡Te pido que me perdones y me ayudes a caminar derecho, haciendo las cosas que sé que son correctas! Dirígeme y guíame para ser más como tú cada día. En el nombre de Jesús. Amén.

10
NO PERMITAS QUE TU PASADO DEFINA TU FUTURO

Porque yo conozco los planes que tengo para ustedes...

Hebreos 8:12 (RVR1960) Porque seré propicio a sus injusticias, Y nunca más me acordaré de sus pecados y de sus iniquidades.

Romanos 8:1 (RVR1960) Ahora, pues, ninguna condenación hay para los que están en Cristo Jesús.

Josué 1:9 (RVR1977) Mira que te mando que te esfuerces y seas valiente; no temas ni desmayes, porque Jehová tu Dios estará contigo en dondequiera que vayas.

Una Palabra del Señor Para Ti

¡Hijo mío, escúchame atentamente hoy! Todavía estás viviendo en los fracasos de tu pasado. Los ensayas todos los días. Estás permitiendo que tu pasado te tire hacia abajo como arenas movedizas. Tus pensamientos te están asfixiando, casi paralizando para que no sigas adelante. ¡Necesito que te detengas! Me pediste que te perdonara y lo he hecho. Ahora, es hora de que te perdones a ti mismo. Es hora de que sigas adelante. Es hora de que me dejes sacarte de las arenas movedizas que está tratando de destruirte. Deja de vivir en tu pasado y elige vivir en tu futuro. Este será tu punto de pivote hacia la victoria. Una de las herramientas más poderosas del enemigo es atacar tu mente. Él es genial para condenarte, sugiriendo que

lo que has fallado en el pasado seguirá avanzando hacia tu futuro. ¡NO LO HARÁ! Pero debes confiar en mí. Debes reemplazar los pensamientos del enemigo y tus pensamientos de fracaso, con Mis pensamientos. Mis pensamientos solo son buenos hacia ti. ¿No dice mi Palabra que puedes hacer todas las cosas a través de Cristo que te fortalece? No dice que hayas fallado una vez, así que, por supuesto, fallarás de nuevo. NO, NO, NO. Necesitas tener la mentalidad de que el fracaso no es una opción, porque sirves al Rey resucitado. Tú sirves al Gran Yo Soy y tienes al Grande del universo residiendo dentro de ti, guiándote en todos tus caminos, si vas a tener en cuenta y escuchar. Puedes aprender del fracaso, por supuesto, pero aprender del fracaso y caer en la condena debido al fracaso son muy diferentes. Mi Palabra dice que AHORA no hay condena para aquellos que están en Cristo Jesús. Ahora es AHORA. Necesito que entres en el ahora. Creyendo que superarás esto gracias a mi poder trabajando en ti. ¡Mi poder! El mismo poder que levantó a la gente de entre los muertos, abrió los ojos ciegos, sanó a multitudes de personas. Ese es el poder que tienes dentro de ti. Ahora saca tu Espada (Mi Palabra) y exige que el enemigo salga de tu mente. Dile que no tendrá éxito en condenarte. Recuérdale al enemigo quién y de quién eres. ¡¡El odia eso!! Recuerda que el fracaso no es el final de tu historia. ¡Yo tengo grandes cosas guardadas para ti! ¡Decreta lo que dice Mi Palabra sobre ti mismo!

Salmo 37:23-24 (NVI) El Señor afirma los pasos del hombre cuando le agrada su modo de vivir; podrá tropezar, pero no caerá, porque el Señor lo sostiene de la mano.

2 Corintios 4:8-9 (NVI) Nos vemos atribulados en todo, pero no abatidos; perplejos, pero no desesperados; perseguidos, pero no abandonados; derribados, pero no destruidos.

Proverbios 24:16 (NVI) porque siete veces podrá caer el justo, pero otras tantas se levantará; los malvados, en cambio, se hundirán en la desgracia.

Romanos 8:28 (NVI) Ahora bien, sabemos que Dios dispone todas las cosas para el bien de quienes lo aman, los que han sido llamados de acuerdo con su propósito.

Miqueas 7:8 (NVI) Enemiga mía, no te alegres de mi mal. Aunque haya caído me levantaré. Aunque vivo en tinieblas el Señor es mi luz.

Filipenses 4:13 (NIV) Todo lo puedo en Cristo que me fortalece.

Isaías 41:10 (NVI) Así que no temas, porque yo estoy contigo; no te angusties, porque yo soy tu Dios. Te fortaleceré y te ayudaré; te sostendré con la diestra de mi justicia.

Jeremías 29:11 (NVI) Porque yo conozco los planes que tengo para ustedes —afirma el Señor—, planes de bienestar y no de calamidad, a fin de darles un futuro y una esperanza.

Gracias, Señor, por tu Palabra.

Elijo mantener tu Palabra al frente de mi mente.

Si escucho que mis viejos pensamientos se arrastran, los derribaré porque Tú, Dios, el Gran YO SOY, vive audazmente en mí.

En el nombre de Jesús. Amén.

11
ORACIÓN POR LA SANACION

Por tanto, tomad toda la armadura de Dios...

1 Pedro 2:24 (RVA) El cual mismo llevó nuestros pecados en su cuerpo sobre el madero, para que nosotros siendo muertos á los pecados, vivamos á la justicia: por la herida del cual habéis sido sanados.

Santiago 5:14-15 (NVI) ¿Está enfermo alguno de ustedes? Haga llamar a los líderes de la iglesia para que oren por él y lo unjan con aceite en el nombre del Señor. La oración de fe sanará al enfermo y el Señor lo levantará. Y si ha cometido pecados, sus pecados se le perdonarán.

Salmo 103:2-3 (NVI) Alaba, alma mía, al Señor y no olvides ninguno de sus beneficios. Él perdona todos tus pecados y sana todas tus dolencias.

Mateo 10:1 (NVI) Reunió a sus doce discípulos y les dio autoridad para expulsar a los espíritus malignos y sanar toda enfermedad y toda dolencia.

Mateo 16:19 (NTV) Y te daré las llaves del reino del cielo. Todo lo que prohíbas[h] en la tierra será prohibido en el cielo, y todo lo que permitas[i] en la tierra será permitido en el cielo.

Mateo 16:19 (RVR1977) Y a ti te daré las llaves del reino de los cielos; y todo lo que ates en la tierra, estará atado en los cielos; y todo lo que desates en la tierra, estará desatado en los cielos.

Marcos 11:23 (RVR1977) En verdad os digo que cualquiera que le diga a este monte: Sé quitado de ahí y arrojado al mar; y no dude en su corazón, sino que crea que lo que está hablando sucede, lo tendrá.

Padre, en el nombre de Jesús, vengo hoy ante ti, hablando y creyendo en tu Palabra, para que por los azotes de Jesús soy sanado. Hablando de que el enemigo no tiene poder sobre mi cuerpo. Me has dado autoridad para vencer al enemigo que ha venido a robar, matar y destruir. Hoy uso la autoridad que me diste para atar al enemigo de mi cuerpo. Satanás y sus cohortes no tendrán éxito para mantenerme enfermo. Hablo la Palabra que dice que el enemigo es derrotado por la sangre del Cordero y la palabra de mi testimonio. Mi testimonio es: **POR LAS RAYAS DE JESÚS SOY SANADO**. Mi testimonio es que ninguna arma formada contra mí prosperará; mi testimonio es que nada es imposible con Dios. Tu Palabra dice claramente que todo lo que ato en la tierra está atado en el cielo y que todo lo que suelto en la tierra es suelta en el cielo. Por lo tanto, ato a Satanás y a todos sus demonios, todos los poderes y gobernantes de la oscuridad y la maldad espiritual en lugares altos, fuera de mi cuerpo y suelto todo el cielo para venir a mi defensa y asegurar mi sanidad.

Padre, la Palabra está llena de escrituras que prometen sanidad. Jesús, usaste la Palabra contra el enemigo mientras él te tentaba. Tú eras la Palabra hablando la Palabra, y como hijo tuyo, yo soy Heredero conjunto con Jesús, así que hablo tu palabra audazmente con gran expectativa de que estoy sanado. Elijo hablar las escrituras sanadoras que se

encuentran en tu Palabra sobre mí una y otra vez durante el tiempo que como sea necesario.

Ahora estoy con el conocimiento de que más grande eres tú que estás en mí que el que está en el mundo y por las llagas de Jesús soy sanado.

En El Poderoso Nombre De Jesús. Amén.

Efesios 6:13 (RVA) Por tanto, tomad toda la armadura de Dios, para que podáis resistir en el día malo, y estar firmes, habiendo acabado todo.

Asegúrate de hablar la Palabra mientras estás de pie!

12
ORACIÓN POR TUS HIJOS

Los hijos son un regalo del Señor...

adre, en el nombre de Jesús, levanto a mis hijos a ti este día y, como siempre, pido protección sobre sus vidas. Tu Palabra dice que le das a tus ángeles la carga sobre nuestras vidas.

Salmo 91:11-12 (RVR1977) Pues a sus ángeles dará orden acerca de ti, de que te guarden en todos tus caminos. En las manos te llevarán, para que tu pie no tropiece en piedra.

Salmo 127:3 (NTV) Los hijos son un regalo del Señor; son una recompensa de su parte.

Por lo tanto, Señor, son tan preciosos para ti, pido que caminen en el éxito y deseen servirte con todo su corazón. Pido que no se dejen influir por las trampas del mundo, sino conviértete y quédate en su brújula. Los cubro con la sangre del Cordero que ha destruido al enemigo, y somos victoriosos sobre el enemigo debido a esa sangre y la palabra de nuestro testimonio. Mi testimonio de hoy es que por los azotes de Jesús mis hijos son sanados. Mi testimonio de hoy es que ninguna arma formada contra ellos prosperará. Mi testimonio de hoy es que todas las estrategias demoníacas son frustradas de sus vidas.

Rezo para que mantengas a los malhechores fuera de sus vidas y que envíes a personas piadosas con solo buenas intenciones a sus vidas. Yo rezo que sean dadores y no tomadores, para que sigan la guía del Espíritu Santo diariamente y la voz de un extraño no escucharán. Rezo para que tu voz sea la voz más alta que escuchan mientras toman decisiones de vida, ya sea que las decisiones sean sobre la escuela, las amistades, los cónyuges, oportunidades de empleo o dónde adorarán. Enséñales compasión por todas las personas. Deja que aprendan sus lecciones de la vida contigo como su fundamento. En todas sus acciones y hechos, hágales saber que el único Dios Vivo y verdadero está para ellos y nunca en contra de ellos.

En el nombre de Jesús, rezo. Amén.

MOMENTO DE ALABANZA #2

Gracias, Padre, por poder entrar en tu sala del trono.
Puedo experimentar tu gloria, sabiendo cuánto me amas.
Gracias por Jesús, por mi salvación.
Gracias, Espíritu Santo, por ser mi brújula.
Gracias, Padre, por tu plan de redención hecho a partir de los cimientos de la tierra.
¡Qué historia de amor!
Permitiste que tu único Hijo fuera crucificado para que pudiera tener vida eterna contigo.
Te agradezco en el fondo de mi alma que hayas hecho un camino.
Eres verdaderamente alto y exaltado.
Gracias, Señor, tu amor firme perdura para siempre.

Hebreos 4:16 (NVI) Así que acerquémonos confiadamente al trono de la gracia para recibir la misericordia y encontrar la gracia que nos ayuden oportunamente.

13

NO TIENES QUE SER PERFECTO PARA SER UTILIZADO POR DIOS

Por lo tanto, ya no hay ninguna condenación...

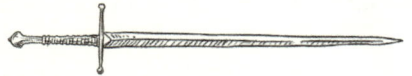

Romanos 3:23-24 (NVI) pues todos han pecado y están privados de la gloria de Dios, pero por su gracia son justificados gratuitamente mediante la redención que Cristo Jesús efectuó.

Padre estoy muy agradecido de que me hayas demostrado en tu Palabra que no tengo que ser perfecto para servirte. Sé que no hay personas perfectas, pero muchas veces pregunto ¿Cómo puedes usarme? ¿Cómo puedes usarme cuando sabes todo sobre mí? Entonces, me doy cuenta de lo increíble y cariñoso que eres de verdad. No llamas a la gente porque sea rica o exitosa. No llamas a la gente porque son grandes oradores o parecen ser los más populares. Llamas a la gente porque ves sus corazones y no los condenas por su pasado. Nos das ejemplos a lo largo del de la palabra de personas rotas, pobres y equivocadas.

Cuando miro estos ejemplos, me animo. David era un hombre según de tu propio corazón, pero era un asesino. Pablo persiguió a los cristianos y los hizo asesinar hasta que te conoció. Moses tenía un problema de habla tartamudea. Abraham era viejo. Rahab era una prostituta. Jacob era un tramposo. Jonás se escapó de ti. Martha era una preocupadora. Pedro negó siquiera conocerte.

Padre, estoy agradecido de que nos llamas, luego nos enseñes y nos equipes para hacer lo necesario para cumplir con esa llamada. Recuérdame a diario que no hay condenación para aquellos que te aman. *Romanos 8:1 (NVI) Por lo tanto, ya no hay ninguna condenación para los que están en Cristo Jesús.*

Cuando Satanás (el enemigo) me arroja mi pasado, recuérdame que fue derrotado por la sangre de Jesús y, por lo tanto, caminaré completamente en el llamado que has colocado dentro de mí. No dejaré que la voz del enemigo sea más fuerte que la tuya. ¡Úsame para hacer una diferencia!

En el nombre de Jesús. Amén.

14

PERSISTENTE EN MI BÚSQUEDA DE DIOS

Mas buscad primeramente el reino de Dios...

1 Pedro 5:8-9 (NVI) Practiquen el dominio propio y manténganse alerta. Su enemigo el diablo ronda como león rugiente, buscando a quién devorar. Resístanlo, manteniéndose firmes en la fe, sabiendo que los creyentes en todo el mundo soportan la misma clase de sufrimientos.

Padre, es mi deseo perseguir y buscar tus profundidades. Ayúdame a ser persistente en mi fe y me esfuerzo por profundizar en ti. No dejes que me distraiga con los problemas cotidianos a los que me enfrento.

La vida cotidiana grita en voz alta para que me lleven de aquí a allá. Todo parece crítico en ese momento, pero la mayoría de las cosas no lo son. Me doy cuenta de que este es un truco del enemigo que me mantiene lejos de ti. Sé que tu Palabra dice que el enemigo es como un león rugiente. Ayúdame a reconocer y resistir el enemigo, sin caer en sus trucos. Elijo no dejar que el rugido sea más fuerte que tu voz. Ayúdame a ser sensible al Espíritu Santo, así seré persistente, de pie en la fe, y no ser uno que el enemigo devora. Tu Palabra dice en *Mateo 6:33 (RVA) Mas buscad primeramente el reino de Dios y su justicia, y todas estas cosas os serán añadidas.* Mi verdadero deseo, Señor, es conocerte, ser persistente en mi búsqueda para seguirte y buscar Tu Reino. Qué gran promesa de que, si te busco a ti y a tu justicia, todas estas cosas se me agregarán. Me doy cuenta de que buscarte es la mayor búsqueda que puedo emprender, así que elijo este día para ser persistente en mi búsqueda de tus profundidades.

En el nombre de Jesús. Amén.

15
DIOS ES MI SOLUCIONADOR DE PROBLEMAS

Puedo hacer todo esto a través de él que da...

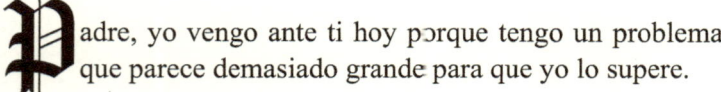

Mateo 7:7-8 (NVI) Pidan y se les dará; busquen y encontrarán; llamen y se les abrirá. Porque todo el que pide, recibe; el que busca, encuentra y al que llama, se le abre.

Padre, yo vengo ante ti hoy porque tengo un problema que parece demasiado grande para que yo lo supere.

Leí tu Palabra y sé que una y otra vez demuestra que eres mi solucionador de problemas, pero lo que he estado experimentando es abrumador. Padre, necesito sabiduría, conocimiento y comprensión sobre cómo avanzar. Ahora mismo, me siento paralizado, necesito saber de ti. Necesito dirección.

Una Palabra del Señor Para Ti

Primero, entiende que puedes hacer todas las cosas a través de Cristo que te fortalece. Fil 4:13. En segundo lugar, debes creer que no importa el resultado, haré un camino. Isaías 43:15-16. En tercer lugar, debes buscar en las profundidades de mi Palabra y escuchar tu solución. Proverbios 4:20. Cuarto, una vez que veas la solución en mi Palabra, debes actuar. Debes ser

intencional para decir mi palabra sobre tu problema. Debes ser intencional al atar cualquier estrategia demoníaca que intente mantenerte enfocado en tu problema en lugar de en mí, Tu Solución. Debes perder todo el cielo para invadir tu problema. Mi Palabra dice en Mateo 16:19 te daré las llaves del reino de los cielos; todo lo que ates en la tierra será atado en el cielo, y todo lo que despreses en la tierra será desatado en el cielo. Estas no son palabras ociosas que se pronunciaron. Fíjate, dije que estas son las "claves del Reino de los Cielos". Así es como tú y yo resolvemos los problemas. Esta es una vida activa que has elegido en mí. Servirme no es pasivo. Siempre tendrás "problemas" que resolver, pero tendrás victorias que celebrar. Concéntrate en el resultado que mi Palabra dice que tienes. Concéntrate en mí, tu solucionador de problemas: No te centres en tu problema. YO SOY la Luz en tu oscuridad.
Cuando la oscuridad comience a arrastrarse a su vez sobre la luz, enciende la luz.
Dice tu Señor.

Gracias, Señor, por esa Palabra. Hace que la escritura—hablar de preguntar, buscar y llamar—sea más clara. Gracias por abrir la puerta de mi comprensión. Gracias porque pregunté, busqué y llamé y tú respondiste. Qué Dios tan poderoso eres. Hoy elijo mirarte a ti, mi solucionador de problema, en lugar de mirar mi problema.

En el nombre de Jesús. Amén.

16

ORACIÓN Y COMPRENSIÓN TU PROPÓSITO

Clamaré al Dios Altísimo...

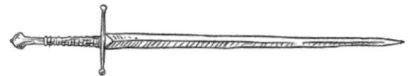

Salmo 57:2 (RVR1960) Clamaré al Dios Altísimo, Al Dios que me favorece.

Efesios 2:10 (RVR1960) Porque somos hechura suya, creados en Cristo Jesús para buenas obras, las cuales Dios preparó de antemano para que anduviésemos en ellas. (Este verso te muestra claramente que fuiste hecho intencionalmente con un propósito, nunca fuiste un accidente.)

1 Pedro 2:9 (NVI) Pero ustedes son descendencia escogida, sacerdocio regio, nación santa, pueblo que pertenece a Dios, para que proclamen las obras maravillosas de aquel que los llamó de las tinieblas a su luz admirable.

Jeremías 29:11 (NVI) Porque yo conozco los planes que tengo para ustedes —afirma el Señor—, planes de bienestar y no de calamidad, a fin de darles un futuro y una esperanza.

Proverbios 19:21 (NVI) Muchos son los planes en el corazón de las personas, pero al final prevalecen los designios del Señor.

Romanos 8:28 (NVI) Ahora bien, sabemos que Dios dispone todas las cosas para el bien de quienes lo aman, los que han sido llamados de acuerdo con su propósito.

Efesios 2:10 (NVI) Porque somos hechura de Dios, creados en Cristo Jesús para buenas obras, las cuales Dios dispuso de antemano a fin de que las pongamos en práctica.

Una Palabra del Señor

Mi hijo, mi palabra dice en Jer. 29:11 Porque conozco los planes que tengo para ti "planes para prosperarte y no hacerte daño, planes para darte esperanza y un futuro". Veo tu deseo de entender tu propósito. Sé que quieres una esperanza y un futuro, por eso se los prometí. Te sientes como si estuvieras vacilando y a la deriva en la vida como un barco sin vela. Ten la confianza de que tengo un propósito para ti. Tu fuiste creado con un propósito, por lo tanto, tienes un propósito. Tu propósito principal es amarme y adorarme. Vivir una vida que atráigame a otros. En cada área de tu vida, necesitas caminar de una manera que despierte la curiosidad de los demás y haga que quieran saber lo que sabes. Eso hace que me vean en ti, tan fuertemente, que me desean, tanto como tú. Entonces tu propósito es servirme donde estás plantado. Ya sea que seas padre o madre, hija o hijo, abuelo o amigo. Ya sea que seas propietario de un negocio, un líder de la iglesia o un empleado. En otras palabras, no importa dónde te encuentres en un día determinado, tienes que mostrar a la gente mi amor a través de ti. A medida que caminas en obediencia y amor, verás que tu vida se transforma en algo hermoso, algo completo, algo tan satisfactorio, que incluso en los días que parecen ser más difíciles para ti, ves un camino porque entiendes que tienes este propósito de amar y ver el mundo a través de mis ojos. A medida que hagas esto, tu esperanza y tu futuro claramente se enfocarán.
Dice tu Señor.

Padre, gracias por esa palabra. El Salmo 57:2 dice: *Llamo a Dios Alto, a Dios que cumple su propósito por mí.* Por favor, ayúdame a caminar en la plenitud de mi propósito, para ser consciente de que mi primer acto intencional cada día es amarte y adorarte, luego dejar que ese amor fluya de ti, a través de mí, a los demás. Dame conocimiento revelador de mi esperanza y futuro, en lo que respecta a mi trabajo, mi familia, mis amigos y mi iglesia. Mantenme en el camino que creaste para mí. No me dejes desviar de mi propósito. Te agradezco por donde me has plantado, incluso si solo estoy aquí por una corta temporada. Yo te agradezco que no importa dónde esté, estás ahí conmigo, enseñándome, dirigiéndome y guiándome, para que mi vida te honre y ayude a otros a hacer lo mismo.

En el nombre de Jesús. Amén.

17

¡MANTENTE COMPROMETIDO! ¡LUCHA!

Pelea la buena batalla de la fe...

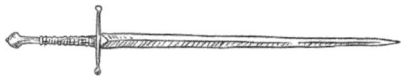

2 Corintios 2:14 (RVA) Mas á Dios gracias, el cual hace que siempre triunfemos en Cristo Jesús, y manifiesta el olor de su conocimiento por nosotros en todo lugar.

Una Palabra del Señor

Hijo mío, te escucho decir que estás cansado, te escucho decir que has hecho todo lo que sabes hacer, pero el avance no ha llegado. Hoy te estoy diciendo que no renuncies a la pelea. Mantente comprometido conmigo. El hecho de que no obtengas una respuesta el primer día que rezas, o el primer mes de oración y sí, incluso el primer año que rezas, no significa que la victoria no esté a la vuelta de la esquina. DEBES MANTENERTE COMPROMETIDO CONMIGO. Me estoy moviendo en tu favor. Estoy creando el tapiz de tu vida. No puedes ver todo el producto terminado, pero yo sí. Confía en mí para tu victoria. Manténgase comprometido. Sigue rezando, sigue creyendo, sigue de pie, sigue diciendo mi Palabra. Demasiadas veces te rindes justo antes del avance. ¡SOY TU DIOS DE LAS VICTORIAS! ¡SOY TU DIOS DEL AVANCE! El enemigo es el dios de los fracasos. A veces tienes que pelear. A veces debes ir a tu armario de oración, a tu sala de guerra y luchar. No pasarás por la vida sin pruebas y tribulación, PERO, ¡he prometido vida abundante! Para lograr las victorias que debes enfrentar, ¡usa tu Espada (MI Palabra) y LUCHA! ¡NO TE RINDAS! ¡NO TE RINDAS! ¡NO TE RINDAS!

Juan 10:10 (RVA) El ladrón no viene sino para hurtar, y matar, y destruir: yo he venido para que tengan vida, y para que la tengan en abundancia.

Daniel 10:12-14 (NTV) Entonces dijo: «No tengas miedo, Daniel. Desde el primer día que comenzaste a orar para recibir entendimiento y a humillarte delante de tu Dios, tu petición fue escuchada en el cielo. He venido en respuesta a tu oración;» pero durante veintiún días el espíritu príncipe del reino de Persia me impidió el paso. Entonces vino a ayudarme Miguel, uno de los arcángeles, y lo dejé allí con el espíritu príncipe del reino de Persia. Ahora estoy aquí para explicar lo que le sucederá en el futuro a tu pueblo, porque esta visión se trata de un tiempo aún por venir».

1 Samuel 12:16 (RVA) Esperad aún ahora, y mirad esta gran cosa que Jehová hará delante de vuestros ojos.

Efesios 6:14 (RVA) Estad pues firmes, ceñidos vuestros lomos de verdad, y vestidos de la cota de justicia.

1 Timoteo 6:12 (RVA) Pelea la buena batalla de la fe, echa mano de la vida eterna, á la cual asimismo eres llamado, habiendo hecho buena profesión delante de muchos testigos.

18

ORANDO A TRAVÉS DE LA ANSIEDAD

El Señor está de mi parte...

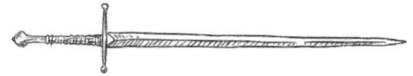

Filipenses 4:6-7 (NVI) No se preocupen por nada; más bien, en toda ocasión, con oración y ruego, presenten sus peticiones a Dios y denle gracias. Y la paz de Dios, que sobrepasa todo entendimiento, cuidará sus corazones y sus pensamientos en Cristo Jesús.

Señor, hoy estoy ansioso por mi vida y especialmente por las cosas que parecen estar fuera de mi control. Sé que Tu Palabra me dice una y otra vez que no me preocupe porque me tienes justo en la palma de tu mano. Pero hoy la voz del enemigo es fuerte. Estoy agradecido de tener tu Palabra de que puede ahogar la voz del enemigo. Elijo decir tu Palabra, para que llegue a mi corazón y a mi mente. Empujando los pensamientos de duda, ansiedad y miedo lejos de mí. Mientras hablo estas Palabras hoy, deja que Espíritu Santo les traiga vida en mí sabiendo que eres mi único salvavidas, de acuerdo con tu palabra que dice en *Juan 14:16 (NTV) Y yo le pediré al Padre, y él les dará otro Abogado Defensor, quien estará con ustedes para siempre.*

Hoy hablo estas escrituras:

Salmo 94:15 (NVI) El juicio volverá a basarse en la justicia y todos los de corazón sincero lo seguirán.

Salmo 55:22 (NVI) Entrégale tus afanes al Señor y él te sostendrá; no permitirá que el justo caiga y quede abatido para siempre.

Mateo 6:34 (NVI) Por lo tanto, no se preocupen por el mañana, el cual tendrá sus propios afanes. Cada día tiene ya sus problemas.

Romanos 8:28 (NVI) Ahora bien, sabemos que Dios dispone todas las cosas para el bien de quienes lo aman, los que han sido llamados de acuerdo con su propósito.

Juan 14:27 (NVI) La paz les dejo; mi paz les doy. Yo no se la doy a ustedes como la da el mundo. No se angustien ni se acobarden.

Isaías 41:10 (NVI) Así que no temas, porque yo estoy contigo; no te angusties, porque yo soy tu Dios. Te fortaleceré y te ayudaré; te sostendré con la diestra de mi justicia.

Josué 1:9 (NVI) Ya te lo he ordenado: ¡Sé fuerte y valiente! ¡No tengas miedo ni te desanimes! Porque el Señor tu Dios te acompañará dondequiera que vayas.

Salmo 118:6 (NTV) El Señor está de mi parte, por tanto, no temeré. ¿Qué me puede hacer un simple mortal?

Gracias, Señor, tu Palabra está ahora en mí, hablando más fuerte que las palabras del enemigo. Gracias, Señor, que tengo la paz que sobrepasa todo entendimiento. Gracias, que las estrategias de miedo y ansiedad del enemigo han fracasado debido a tu Palabra. He elegido poner tu Palabra en mi corazón, y ahora sé que puedo superar cualquier miedo y ansiedad porque más grande eres tú que estás en mí que él que está en el mundo.

En el nombre de Jesús. Amén.

1 Juan 4:4 (NVI) Ustedes, queridos hijos, son de Dios y han vencido a esos falsos profetas, porque el que está en ustedes es más poderoso que el que está en el mundo.

MOMENTO DE ALABANZA #3

Hebreos 13:15 (NVI) Así que ofrezcamos continuamente a Dios, por medio de Jesucristo, un sacrificio de alabanza, es decir, el fruto de los labios que confiesan su nombre.

1 Crónicas 29:13 (RVR1960) Por eso, Dios nuestro, te damos gracias y a tu glorioso nombre tributamos alabanzas.

Señor, te alabo. Te glorifico; magnifico tu nombre.
Eres digno de todas mis alabanzas.
Eres digno de ser exaltado por encima de todo.
Te alabo por tu pacto inquebrantable.
Te alabo por tu amor incondicional.
Te alabo por tu fidelidad.
De hecho, eres digno. Alabanzas a tu santo nombre.

19

REZANDO POR LA PAZ
EN MEDIO DEL GRAN DOLOR

Que yo tenga sed de ti incluso como las lágrimas...

1 Pedro 5:7 (RVR1960) echando toda vuestra ansiedad sobre él, porque él tiene cuidado de vosotros.

Salmo 34:18 (RVR1960) Cercano está Jehová a los quebrantados de corazón; Y salva a los contritos de espíritu.

Mateo 11:28 (RVR1960) Venid a mí todos los que estáis trabajados y cargados, y yo os haré descansar

Salmo 42:1 (NTV) Como el ciervo anhela las corrientes de las aguas, así te anhelo a ti, oh Dios.

Padre, hoy grito con gran dolor. Casi no puedo respirar. Esta pesadez que siento es casi mayor de lo que puedo soportar. Tu Palabra dice que estás cerca de los corazones rotos y salvas un espíritu aplastado. Bueno, Señor, hoy estoy destrozado y aplastado. Mis lágrimas no se detienen. Nunca había sentido algo así. Estoy lisiado por el dolor. Por favor, lléname de tu consuelo y paz y ayúdame a llegar al otro lado de esto.

Una Palabra del Señor

Hijo mío, entiendo tu dolor. Estoy aquí contigo. Te estoy abrazando. Estoy limpiando tus lágrimas. Mientras me miras, sabe que Jesús es y fue despreciado y rechazado por los hombres; Él era un hombre de penas, y familiarizado con el dolor. Entiendo lo desgarrador que es esto para ti y para los demás a tu alrededor. Entra en mi presencia, porque mis brazos envolventes están aquí para consolarte, estoy aquí para secar tus lágrimas y mi amor es más que suficiente, incluso aunque en este mismo momento no tengas ganas. Nunca te dejaré, aunque sientas que estoy a un millón de millas de distancia, pero mi hijo, estoy aquí, aferrándote fuerte. Te convertiré en belleza tus cenizas.

Padre, ayúdame a recordar tus palabras. Ayúdame a sacar fuerza de la lectura de tu Palabra y de la oración. Ayúdame a echarte diariamente esta carga de dolor porque es demasiado pesada para que la lleve por mi cuenta. ¡Te necesito! Estoy pidiendo que sienta al Consolador (Espíritu Santo) activo en mi vida. Que sienta paz y fuerza en este momento de falta de aliento. Déjame sentir tus brazos alrededor de mí. Déjame escuchar tus susurros en mi oído diciéndome que todo estará bien y que no siempre sentiré que mi mundo se está acabando. Gracias, Señor, que puedo tener confianza en que estés aquí conmigo ahora y en cada minuto de mi vida.

En el nombre de Jesús. Amén.

20

NO DUDES DE MI PALABRA

Estas cosas os he hablado...

Santiago 1:5-6(NVI) Si a alguno de ustedes le falta sabiduría, pídasela a Dios y él se la dará, pues Dios da a todos generosamente sin menospreciar a nadie. Pero que pida con fe, sin dudar, porque quien duda es como las olas del mar, agitadas y llevadas de un lado a otro por el viento.

Padre, es mi sincero deseo no ser soplado y arrojado por el viento debido a la duda. Hoy, me enfrento a varias cosas que, en la superficie, parecen malas o imposibles de superar. Sé lo que dice tu palabra. Sé que se debería dudar, sin embargo, hoy no lo estoy haciendo bien. Necesito que tu Palabra cobre vida en mí. Necesito aumentar mi confianza de que todo es posible contigo. Dame sabiduría, conocimiento y comprensión para caminar a través de esto hacia la victoria.

Una Palabra de Dios

Hijo mío, tienes todas las herramientas que necesitas para superar esta situación. Lo tienes todo el mundo apoyándote. Mi Palabra es específica. Te he instruido sobre las armas que debes usar para ser un vencedor. Debes decir lo que dice mi palabra. Mi palabra es tu espada. Es el fuerte del Espíritu. Es tu arma de batalla. ¿Por qué lucharías sin traer y usar tu arma? Mi Palabra dice que eres más que un conquistador. Mi palabra dice que puedes hacer todas las cosas a través de Cristo Jesús, que te fortalece. Mi Palabra dice que NINGUNA arma formada contra ti prosperará. Mi Palabra dice que toda lengua que se levante contra ti fracasará. Mi Palabra dice que más grande soy yo que estoy en ti que el que está en el mundo. Mi Palabra dice que tu enemigo es derrotado por la sangre del Cordero y la palabra de tu testimonio. ¿Has oído eso? LA PALABRA DE TU TESTIMONIO. Tú vas a hablar mi Palabra (que es tu testimonio) a tus problemas y a tus enemigos. Así es como luchas tus batallas. ¡Usa la Espada del Espíritu, MI PALABRA!
Habla con audacia y en voz alta. No dejes que el enemigo te diga que esto es estúpido o vergonzoso. La espada de El espíritu funciona. Debes empuñar tu espada cada vez que te enfrentes a algo.
Usa Mi Palabra...

Apocalipsis 12:11 (RVA) Y ellos le han vencido por la sangre del Cordero, y por la palabra de su testimonio; y no han amado sus vidas hasta la muerte.

Romanos 8:37 (RVA) Antes, en todas estas cosas hacemos más que vencer por medio de aquel que nos amó.

Filipenses 4:13(RVA) Todo lo puedo en Cristo que me fortalece.

Juan 16:33(RVA) Estas cosas os he hablado, para que en mí tengáis paz. En el mundo tendréis aflicción: mas confiad, yo he vencido al mundo.

1 Juan 4:4 (RVA) Hijitos, vosotros sois de Dios, y los habéis vencido; porque el que en vosotros está, es mayor que el que está en el mundo.

Isaías 54:17(NTV) Pero en aquel día venidero, ningún arma que te ataque triunfará. Silenciarás cuanta voz se levante para acusarte. Estos beneficios los disfrutan los siervos del Señor; yo seré quien los reivindique.¡Yo, el Señor, he hablado!

2 Pedro 1:3-4(NVI) Su divino poder, al darnos el conocimiento de aquel que nos llamó por su propia gloria y excelencia, nos ha concedido todas las cosas que necesitamos para vivir con devoción. Así Dios nos ha entregado sus preciosas y magníficas promesas para que ustedes, luego de escapar de la corrupción que hay en el mundo debido a los malos deseos, lleguen a tener parte en la naturaleza divina.

21
DESEANDO LAS PROFUNDIDADES DE DIOS

.Solo Él es mi roca y mi salvación...

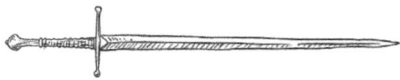

Salmo 42:7 (NTV) Oigo el tumulto de los embravecidos mares mientras me arrasan tus olas y las crecientes mareas.

Padre hoy vengo a ti deseando más de ti. Hay una escritura, *el Salmo 42:7, que dice, lo profundo llama a lo profundo.* Yo deseo profundizar en ti, Señor, de conocerte más completo y completamente. Me apasiona conocer los latidos de tu corazón. Deseo tener intimidad contigo, mi ser más íntimo te está clamando hoy. Ayúdame a sumergirme profundamente en ti, Señor, en las profundidades de lo que eres. Abre tu Palabra, deja que salte de las páginas con revelación. Deja que tu Palabra exuda raíces y produzca fruto dentro de mí para honrarte y ayudar a los demás. Ayúdame a ser sensible al Espíritu Santo revelando tu corazón y permitiendo que Él ore a través de mí. Deja que mi latido se convierta en uno con el tuyo hoy. Batiendo un ritmo con el tuyo que te glorifica.

Déjame ver y demostrar tu amor por los demás. Ayúdame a ver la profundidad de tu compasión, la profundidad de tu perdón y misericordia. Padre, qué glorioso eres. Déjame nunca darte por sentado. Déjame ser siempre consciente de tu presencia. Aunque el mundo a mi alrededor podría estar desmoronado, recuérdame que eres mi Roca y mi Salvación, mi fortaleza y mi Dios en quien confío. *Salmo 62:6 (NBLA) Solo Él es mi roca y mi salvación, Mi refugio, nunca seré sacudido.* Gracias, Padre, para que no me conmueva por lo que veo, sino que me conmoverás tú, el Dios al que sirvo.

Gracias, que tu amabilidad amorosa (amor del pacto) es más grande de lo que jamás pueda imaginar. Llega a lo más profundo dentro de mí para mostrarme lo más profundo dentro de ti.

En el nombre de Jesús. 𝕬𝖒𝖊́𝖓.

22

REZA PARA QUE LOS SUEÑOS DE TU CORAZÓN SE HAGAN REALIDAD

y él te dará los deseos de tu corazón...

Padre te agradezco tu palabra. Te agradezco Señor que me hayas creado a tu imagen y después de tu imagen. Padre tuviste un sueño que hizo que un mundo existiera, un sueño que hizo que la humanidad se creara. Hablaste de tu visión para el futuro en la existencia. *Génesis 1:27 (NVI) Y crió Dios al hombre á su imagen, á imagen de Dios lo crió; varón y hembra los crió.*

Entonces, ya que estoy creado en tu imagen, elijo creer que este patrón es cómo voy a crear/hablar con los deseos que pones en mi corazón. Señor me diste un regalo, algo que hago muy bien, algo que es el deseo de mi corazón. Uno de mis deseos es usar este regalo para glorificarte, para marcar la diferencia, para mostrarle a la gente tu amor y deseos para su éxito. Mi sueño es _____ . (Rellene el espacio en blanco con su sueño.)

Sé que este sueño es tuyo. Sé que el enemigo a intentado a cada paso detener mi sueño. Pero hablo tu palabra sobre mi sueño ahora mismo... *Santiago 1:17 (NVI) Toda buena dádiva y toda perfecta bendición desciende de lo alto, donde está el Padre que creó las lumbreras celestes, y quien no cambia ni se mueve como las sombras.*

Mi sueño en última instancia, ayudará a muchos, me ayudará

a mí, a mi familia y a muchos otros. Por lo tanto, ato a Satanás y a todos sus demonios y cohortes para evitar que mi sueño se haya realidad. Tu palabra dice en *el Salmo 37:4 (RVA) Deléitate también en el señor, y él te dará los deseos de tu corazón.*

En *Lucas 12:34 (RVA)* dice: *Porque donde está vuestro tesoro, allí también estará vuestro corazón.* Mi corazón es glorificarte a través de este sueño. Entonces, tomo una posición contra el enemigo. Ato sus estrategias para retener mi sueño y suelto el cielo para venir a mi rescate. Mi sueño no está muerto. Hablo de resurrección a mi sueño porque es un sueño de Dios. Hablo conmigo mismo y le digo a mi sueño que es hora de resucitar.

Palabra Profética de Dios Sobre los Sueños:

Dios dijo que es hora de soñar de nuevo.
Es hora de que los viejos sueños se reavivan. Es hora de que nazgan nuevos sueños.
No importa la edad que tengas o tus sueños.
No importa lo joven o nuevo que sea tu sueño
¡ES HORA DE VOLVER A SOÑAR!
El enemigo ha tenido éxito usando estrategias demoníacas que han retrasado los sueños que has tenido durante años e incluso décadas.
El reinado de éxito del enemigo ha TERMINADO.
Estoy destruyendo sus estrategias; estoy frustrando sus planes.
Él ya no prevalecerá sobre ti.
¿ME HAS ESCUCHADO?
EL ENEMIGO YA NO EVITARÁ QUE TUS SUEÑOS SE MANIFIESTEN.
Tienes un papel que desempeñar para asegurar la manifestación de tus sueños.
Habla de resurrección con ellos. Diles que vengan.
Di mi palabra sobre ellos. Ensayarlos en tu espíritu.

ESCRÍBELOS y di con la boca lo que ves.

*Justo cuando le hablé a Lázaro para que se presentara.
Hablas en voz alta y audazmente con gran fe para que
tus sueños se hagan realidad.
Muchos de mis hijos tienen múltiples sueños.
Llámalos a TODOS... llámalos a TODOS. Llámalos a
¡TODOS adelante!
No digas que ha pasado demasiado tiempo, no dejes que
otros te digan que es imposible.
¿No he dicho que TODAS LAS COSAS SON POSIBLES
CONMIGO?
ESTA NO ES UNA PETICIÓN QUE DESAS TOMAR A
LA LIGERA.
ESTA NO ES UNA PETICIÓN PARA HACERTE SEN-
TIR BIEN.
ESTA ES UNA LLAMADA A LA ACCIÓN.
TODO EL CIELO ESTÁ LISTO PARA QUE
EMPIECES A RESUCITAR TU Palabra profética!*

23
LA EXTRAVAGANCIA DE DIOS

Todo lo puedo en Cristo que me fortalece..

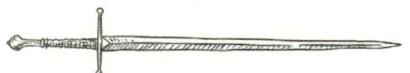

Efesios 3:20 (RVA) Y á Aquel que es poderoso para hacer todas las cosas mucho más abundantemente de lo que pedimos ó entendemos, por la potencia que obra en nosotros.

Padre, qué promesa más maravillosa. Gracias por ser un Dios extravagante. Gracias por prodigarme tu amor haciendo poderosos milagros. Gracias por respirar tu aliento de vida en mis sueños, viendo que se cumplan. Gracias, Señor que no estoy limitado a mi propio conocimiento, sino que todas las cosas son posibles porque estoy conectado contigo, el Dios Vivo, el Dios de más que suficiente, el Dios que me escucha cuando te llamo. Pensar en ello me hace llorar de adoración por ti. Me hace cantar tus alabanzas y adorarte.

Qué honor adorar al GRAN YO SOY. *Éxodo 3:14 (RVA) Y respondió Dios á Moisés: YO SOY EL QUE SOY. Y dijo: Así dirás á los hijos de Israel: YO SOY me ha enviado á vosotros.*

Qué honor adorar a Jesús, mi Salvador. Es casi insondable, tu amor extravagante. Permitiste que tu hijo muriera en la cruz porque tu amor es tan extravagante. Me perdonas por cualquier cosa que pueda haber hecho o que haya hecho por este amor. Puedo venir a ti en cualquier momento y pedirte perdón por este amor. Puedo traerte cualquier problema por este amor. Puedo hacer todas las cosas a través de Cristo Jesús gracias a este amor.

Filipenses 4:13 (RVA) Todo lo puedo en Cristo que me fortalece.

Ayúdame, Señor, mostrar a los demás incluso solo un vistazo de tu amor. Ayúdame a mostrarle a mi familia, a mis amigos, a mis compañeros de trabajo y a cualquiera que se cruce en mi camino, este gran amor tuyo.

¡Este gran amor tuyo!

24

MUÉSTRAME QUE ESTÁS EN LOS DETALLES DE MI VIDA

Busqué al Señor y él me respondió...

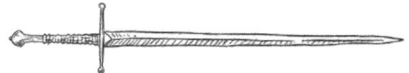

Padre, vengo a ti hoy y te necesito en cada detalle de mi vida. Necesito entender que te preocupas por todos los aspectos de mi vida. Tu Palabra dice en *el Salmo 37:23-24 (NBLA) Por el Señor son ordenados los pasos del hombre, Y el Señor se deleita en su camino. Cuando caiga, no quedará derribado, Porque el Señor sostiene su mano.*

Gracias por dirigir mis pasos y tomarme de la mano en cada momento de mi vida, incluso si hay detractores que me lo dicen de manera diferente. Elijo escuchar tu voz y leer Tu Palabra que afirma enfáticamente que te preocupas por mí y me ayudas con cualquier cosa, grande o pequeña. De hecho, no hay nada demasiado pequeño para ti. *En Lucas 12:6-7 (NVI) Tu Palabra dice:¿No se venden cinco gorriones por dos monedita? Sin embargo, Dios no se olvida de ninguno de ellos. De hecho, él les tiene contados aun los cabellos de su cabeza. No tengan miedo, ustedes valen más que muchos gorriones. Hebreos 4:16 (NVI) dice: Así que acerquémonos confiadamente al trono de la gracia para recibir la misericordia y encontrar la gracia que nos ayuden oportunamente. 1 Juan 3:1 (NVI) dice: ¡Fíjense qué gran amor nos ha dado el Padre, que se nos llame hijos de Dios!*

¡Y lo somos! El mundo no nos conoce, precisamente, porque no lo conoció a él.

Padre, soy tu hijo y al igual que los padres se encargan de los detalles de la vida de sus hijos. Tú cuidas de mí. La pintura que pintas en los Salmos de ti sosteniendo mi mano, llevándome a través de la vida es gloriosa.

Estas escrituras muestran absolutamente que estás en los detalles. No solo estás preocupado, sino que podemos venir audazmente, trayendo cualquier cosa a ti, teniendo la confianza de que nos escuchas en nuestro momento de necesidad.

Tu Palabra dice que escuchas nuestros gritos, y nos liberas de TODAS nuestras angustias.

Salmo 34:4 (NVI) Busqué al Señor y él me respondió; me libró de todos mis temores.

Mucha gente piensa que solo te preocupan las grandes cosas a las que nos enfrentamos, pero esto demuestra que te preocupa todo lo que enfrentamos, grande o pequeño.

Gracias por demostrarme que tu amor por mí es la razón que estás en los detalles de mi vida.

Juan 15:13 (NVI) Nadie tiene amor más grande que el que da la vida por sus amigos.

Padre, tu amor es grande, tan interminable, tan espectacular, que enviaste a tu Hijo Jesús, a morir una muerte horrible en la cruz, para que pueda vivir una vida abundante. La única manera de vivir una vida abundante es que tú estés en los detalles. Decreto que tú estás en los detalles de mi vida, y te permito estar en esos detalles. Elijo reconocerte en todo.

En el nombre de Jesús. Amén.

MOMENTO DE ALABANZA #4

Salmo 100:4 (RVR1977) Entrad por sus puertas con acción de gracias, por sus atrios con alabanza; Alabaré bendecid su nombre.

Padre, gracias por poder entrar en tus puertas con acción de gracias y tus tribunales con alabanza.
Elijo hacerlo ahora.
Qué increíble y maravilloso es entrar en tu presencia, dándote las gracias por todas mis bendiciones.
Te alabo por tu bondad, tu gracia y tu misericordia.
Te alabo por amarme incluso cuando me siento poco adorable.
Hoy, te doy melodías de alabanza porque eres mi increíble Jesús, mi Señor y mi Salvador.

25

ORACIÓN SOBRE EL CANSAMIENTO

Entrégale tus afanes al Señor y él te sostendrá...

Daniel 7:25 (RVA) Y hablará palabras contra el Altísimo, y á los santos del Altísimo quebrantará, y pensará en mudar los tiempos y la ley: y entregados serán en su mano hasta tiempo, y tiempos, y el medio de un tiempo.

Gálatas 6:9 (NVI) No nos cansemos de hacer el bien, porque a su debido tiempo cosecharemos si no nos damos por vencidos.

Isaías 40:28-30 (NVI) ¿Acaso no lo sabes?¿Acaso no te has enterado? El Señor es el Dios eterno, creador de los confines de la tierra. No se cansa ni se fatiga y su inteligencia es insondable. Él fortalece al cansado y acrecienta las fuerzas del débil. Aun los jóvenes se cansan, se fatigan, los muchachos tropiezan y caen;

Mateo 11:28-30 (NVI) Vengan a mí todos ustedes que están cansados y agobiados; yo les daré descanso. Carguen con mi yugo y aprendan de mí, pues yo soy apacible y humilde de corazón, y encontrarán descanso para sus almas. Porque mi yugo es suave y mi carga es liviana.

Hebreos 12:3 (NVI) Así, pues, consideren a aquel que perseveró frente a tanta oposición por parte de los pecadores, para que no se cansen ni pierdan el ánimo.

Salmo 55:22 (NVI) Entrégale tus afanes al Señor y él te sostendrá; no permitirá que el justo caiga y quede abatido para siempre.

Jeremías 31:25 (NVI) Daré de beber a los sedientos y saciaré a los que estén agotados.

Marcos 4:16-17 (NBLA) Y de igual manera, estos en que se sembró la semilla en pedregales son los que al oír la palabra enseguida la reciben con gozo; pero no tienen raíz profunda en sí mismos, sino que solo son temporales. Entonces, cuando viene la aflicción o la persecución por causa de la palabra, enseguida se apartan de ella.

Padre, hoy vengo a ti porque estoy extremadamente cansado. Siento como si me estuvieran tirando en mil direcciones. Todos y todo necesitan mi atención. Sé que tu Palabra dice que no te canses de hacerlo bien porque en el momento adecuado las cosas sucederán, pero la presión es sofocante. Tu Palabra dice que tu fuerza me da descanso. Enséñame cómo aprovechar de tu fuerza hoy, Señor, porque no me queda ninguna. Tengo ganas de meterme en un agujero y nunca salir. ¡Por favor, ayuda!

Una Palabra de Dios

Mi hijo, primero, que sepas que te amo. Segundo, que sepas que estoy aquí contigo. Tercero, debes saber que te haré llegar al otro lado. Mi Palabra te sostendrá; mi Palabra te dará consuelo. Mi palabra te dará dirección. Mi palabra te energizará para continuar. MI PALABRA ES TU ROMPEDOR DE EL

CANSANCIO. El enemigo intentará desgastarte, así que sal de tu agujero y escúchame. Siempre habrá muchas personas y cosas que quieran tu tiempo y atención, esto nunca cambiará. Pero lo que puede cambiar es cómo manejas las cosas, especialmente cuando te sientes atacado por todos lados. ¡Nunca olvides que SOY MI PALABRA. Así que cuando lees y hablas Mi Palabra, me estás involucrando. Recuerda, Mi Palabra nunca devuelve vacía. Mi palabra es el antídoto para tus problemas. No puedes vivir aparte de Mi Palabra. Otra forma de decirlo sería que no puedes vivir sin Mí.

Si bien sé que tus cargas son pesadas y las profundidades de ellas parecen insuperables, pero involucrarme, hablando Mi Palabra a tu cansancio es la respuesta.

El enemigo te dirá que no tienes salida, te dirá que decir Mi Palabra es una tontería. NO ES UNA TONTERÍA. ¡ES TU SALIDA! Así que, mantén al frente de tu mente que tu ayuda nunca te abandona, tu ayuda está esperando con los brazos abiertos, tu ayuda está a un reconocimiento de distancia. Llámame, lee
y habla de Mi Palabra y comenzarás a sentir tu
Las cargas se aligeran.

Di estos versos sobre ti mismo:

Gracias, Señor, por dar fuerza a los cansados y aumentar el poder de los débiles. *Isaías 40:29 (NVI)* Por lo tanto, ten fuerza y poder para superar este sentimiento de pesadez.

Gracias, Señor, por haber echado mis cuidados sobre Ti, y me sostendrás; nunca dejarás que los justos sean sacudidos. *Salmo 55:22 (NVI)* Hoy te echo mis cuidados, sabiendo que me sostendrás y nunca me dejarás ser sacudido.

Refrescaré a los cansados y satisfaré a los débiles. *Jeremías 31:25 (NVI)* Gracias, Señor, por ser refrescante Y haciendo que no me desmaye.

No nos cansemos de hacer el bien, porque en el momento adecuado cosecharemos una cosecha si no nos rendimos. Gálatas 6:9 (NVI) Señor, sé que si confío en ti y no me rindo, no me cansaré de hacer bien y en el tiempo adecuado cosecharé una cosecha.

¡Padre, elijo caminar por fe y no por vista! Elijo centrarme en lo grande que eres. Eres mucho más grande que cualquier problema o sentimiento que enfrente. Gracias porque tu Palabra es mi antídoto.

En el nombre de Jesús. Amén.

26

DIOS ES MI VENCEDOR

Ningún arma forjada contra ti prosperará...

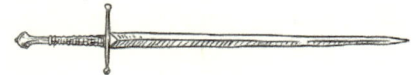

Padre, gracias por ser mi Vencedor. En tu Palabra, uno de tus nombres es Jehová Nissi-El Señor Mi Bandera de victoria. *Éxodo 17:15*.

Porque eres mi vencedor, vengo a ti hoy necesitando victoria sobre_____. En *Deuteronomio 20:4 porque el Señor su Dios es el que va con ustedes, para pelear por ustedes contra sus enemigos, para salvarlos.*

Me dices que vas conmigo a luchar contra mis enemigos, y me das la victoria. Padre, necesito la victoria hoy. El enemigo ha estado luchando contra mí. Me enfrento a desafíos que nunca imaginé que enfrentaría. Sé que cuando me enfrento a desafíos, si me giro hacia ti, que escuchas mis gritos y me liberas de todos mis problemas. *Salmo 34:17* dice que cuando los justos en piden ayuda, que los escuches y los liberas de todos sus problemas. Dame perseverancia para que pueda caminar a través de esta situación hasta que logre la victoria a través de Ti. ¡Sé que estos desafíos se conquistan contigo y a través de ti!

Necesito liberación, Señor. Necesito sabiduría, conocimiento y comprensión hoy para saber cómo conquistar y ser victorioso sobre esta situación. Tu Palabra en *Romanos 8:37* también dice que soy más que un conquistador. Entonces, elijo este día para caminar con la confianza de que tu Palabra funciona perfectamente en mi vida. Decreto que soy más que un conquistador. Decreto que Camino en la Victoria porque eres mi estandarte de la Victoria, decreto que cuando te clamo, escuches mis oraciones y me liberas.

Te agradezco, Padre, que *Isaías 54:17* declara que ninguna arma formada contra mí prosperará y que condenarás toda lengua que se levante contra mí en juicio.

Me niego a aceptar la derrota, porque más grande eres tú que estás en mi que él que está en el mundo.

En el nombre de Jesús. Amén.

27

REZA PARA ENTENDER QUE DIOS TE PERSIGE

Porque así ha dicho Jehová el Señor:

Génesis 3:9 (NVI) Pero Dios el Señor llamó al hombre y dijo: —¿Dónde estás?

Gracias, Padre, que a lo largo de tu Palabra, persigues a tu pueblo. Nunca nos dejes ni nos abandones. *Hebreos 13:5 (RVR1960) Sean vuestras costumbres sin avaricia, contentos con lo que tenéis ahora; porque él dijo: No te desampararé, ni te dejaré;*

Tu Palabra dice en *Ezequiel 34:11 (RVR1960) Porque así ha dicho Jehová el Señor: He aquí yo, yo mismo iré a buscar mis ovejas, y las reconoceré.* ¡Qué poderoso es ese versículo de las Escrituras, Señor! ¡Tú mismo me buscarás! Perseguiste a Adán y Eva después de que hubieran pecado en el jardín. Por favor, recuérdame que si peco contra ti, puedo correr hacia ti y no alejarme de ti porque me estás persiguiendo. También perseguiste a Hagar cuando se escapó. Fue maltratada por Sarai (Sarah). Padre, ayúdame a no huir de ti cuando la gente me maltrata. Ayúdame a verte persiguiéndome sin importar en qué estado me esté.

En *1 Reyes 19:1-9* cuenta la historia de Elías huyendo de Jezebel. Elías había matado a todos los profetas y Jezabel le preguntó a sus dioses que mataran a Elías. Estaba tan angustiado que se escapó temiendo por su vida. Entonces Elijah oró que pudiera morir. Le dijo al Señor que ya había tenido suficiente. Pero Dios persiguió a Elías y envió ángeles a proporcionar comida y agua para que tuviera fuerzas para continuar su viaje, porque Dios no había terminado con él. Gracias, Padre, que no te rindas conmigo, incluso si me rindo. Recuérdame que nunca has terminado de usarme mientras viva en esta tierra.

Finalmente, Señor, gracias por el ejemplo de Pablo en el camino a Damasco. Pablo le había hecho cosas horribles al pueblo Judío, pero eso no te impidió perseguirlo y atraparlo en el Camino de Damasco. Gracias, Señor, por este ejemplo. Ayúdame a entender y recordar que no importa lo lejos que esté de ti, estás aquí, persiguiéndome ferozmente y si me desvío, TÚ me atraparás.

En el nombre de Jesús. Amén.

Otras referencias bíblicas para buscar:

Salmo 23:6 • Ezequiel 34:11 • Romanos 8:34 • Lucas 15:1-4

Esta oración es para cualquiera que tenga, o desee tener, un negocio.

28
ORACIÓN POR TU NEGOCIO COMO MINISTERIO

Pero fiel es el Señor...

La Palabra de Dios nos dice que Él nos da ideas en invenciones ingeniosas. *Proverbios 8:12 (RVA) Yo, la sabiduría, habito con la discreción, Y hallo la ciencia de los consejos.* No lo hace solo para que podamos apoyar a nuestras familias financieramente o apoyar un cierto estilo de vida. Lo hace para que nosotros, como dueños de negocios, podamos marcar la diferencia en las personas sobre las que tenemos influencia todos los días. Como propietario de un negocio, tenemos una oportunidad única de mostrar el amor de Cristo a través de nosotros, a nuestros empleados, nuestros clientes y nuestros vendedores. Si eres cristiano y Dios te ha bendecido con un negocio, entonces es la voluntad de Dios que administres tu negocio y lo uses como una herramienta para promover el Reino de Dios.

Padre, vengo a ti hoy en una postura de acción de gracias, reconociendo que me has dado este negocio. Abriste las puertas y me diste un favor para poder mantener a mi familia. Ayúdame a darme cuenta de que este negocio se utilizará para un propósito mucho mayor que solo para apoyar mi estilo de vida. Dame sabiduría, conocimiento y comprensión sobre cómo usar negocio como ministerio para glorificarte y traer gente al Reino. Muéstrame qué detalles puedo hacer para ser una luz en un mundo oscuro. Hay una oportunidad única, como propietario de un negocio, de demostrar integridad, confianza, honestidad y respeto, de acuerdo con cómo su Palabra los define. *Proverbios 11:3 (NVI) A los justos los guía su integridad; a los infieles los destruye su perversidad.*

Proverbios 21:3 (NVI) Practicar la justicia y el derecho lo prefiere el Señor a los sacrificios.

2 Corintios 8:21 (NVI) porque procuramos hacer lo correcto, no solo delante del Señor, sino también delante de los demás.

Padre, a veces se siente difícil salir y mostrar mi fe en el mundo de los negocios. El miedo se cuela y pienso, qué pasa si no consigues el contrato o pierdes a un cliente porque no creen como yo. Ayúdame a recordar que más grande eres tú que está en mí que él que está en el mundo. *1 Juan 4:4(RVA) Hijitos, vosotros sois de Dios, y los habéis vencido; porque el que en vosotros está, es mayor que el que está en el mundo.*

Ayúdame a entender que tomar una posición podría llevar a la salvación de alguien y eso es mucho más valioso que mi miedo a perder un contrato o una venta. Te agradezco, Señor, que me respaldas, y puedo seguir adelante con valentía, operando mi negocio como un ministro. Hablo tu palabra que dice en *Isaías 54:17 No prevalecerá ninguna arma que se forje contra ti; toda lengua que te acuse tú la refutarás. Esta es la herencia de los siervos del Señor, la justicia que de mí procede», afirma el Señor.*

2 Tesalonicenses 3:3 (RVR1960) Pero fiel es el Señor, que os afirmará y guardará del mal.

Deuteronomio 31:6 (RVR1960) Esforzaos y cobrad ánimo; no temáis, ni tengáis miedo de ellos, porque Jehová tu Dios es el que va contigo; no te dejará, ni te desamparará.

Gracias, Señor, que yo puedo con confianza operar mi negocio como un ministerio. Dijiste en *Marcos 16:15-16 (NVI) Les dijo:*

—Vayan por todo el mundo y anuncien las buenas noticias a toda criatura. El que crea y sea bautizado será salvo, pero el que no crea será condenado.

Decreto que mi negocio predicará el evangelio a toda creación.

En el nombre de Jesús. Amén.

29

DE PIE EN LA BRECHA

DIOS es nuestro amparo y fortaleza...

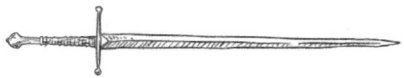

Ezequiel 22:30 (RVA) Como se funde la plata en medio del horno, así seréis fundidos en medio de él; y sabréis que yo Jehová habré derramado mi enojo sobre vosotros.

Padre, hoy vengo ante ti en oración, no por mí mismo, sino por los demás. Tu Palabra dice en Ezequiel que buscaste un hombre que se parara en la brecha, pero no pudiste encontrar uno. Hoy, Señor, elijo estar en la brecha para mi familia, amigos, familia extendida y compañeros de trabajo. Yo seré con el que puedes contar para estar en la brecha. Hoy, los cubro con la Palabra de Dios. Hablo, que tú eres su refugio, su ayuda muy presente en tiempos de problemas. Rezo para que ninguna arma formada contra ellos prospere. Rezo para que se frustre todo mal plan del enemigo. Rezo para que tus ángeles les impidan golpear su pie contra la piedra. Que les hagas un camino cuando sienten que no hay manera. Hablo sobre ellos, que más grande eres tú que estás en ellos que el que está en el mundo. Deja que sientan tu presencia en tiempos de problemas. Hazles saber que tú eres su roca, su refugio, el Dios en el que confían. Deja que sientan tu amor a su alrededor. Envuelve tus brazos alrededor de ellos, consuélalos, guíalos y refréscalos. Hágales saber que pueden hacer todas las cosas a través de Cristo que los fortalece. Hágales saber que nada es imposible con usted. Ruge en sus vidas en voz alta para que tengan una gran seguridad de que estás de su lado. Derrama tus bendiciones sobre ellos este día. Llénalos de sabiduría, conocimiento y comprensión. Haz que sus cuerpos se alineen con tu palabra que dice por las rayas de Jesús ellos están sanados. Haz que sus trabajos y su negocio florezcan y deja que caminen en tu gran favor abrumador. Cúbrelos con tu misericordia y gracia, llenándolos de compasión por los demás. Deja que tu amor por ellos se desborde de ellos a los demás. Haz que tengan una gran victoria, una gran visión, un gran amor y el deseo de sumergirse en tus profundidades.

En el nombre de Jesús. Amén.

Salmo 46:1 (NVI) DIOS es nuestro amparo y fortaleza, Nuestro pronto auxilio en las tribulaciones.

Isaías 54:17 (RVA) Toda herramienta que fuere fabricada contra ti, no prosperará; y tú condenarás toda lengua que se levantare contra ti en juicio. Esta es la heredad de los siervos de Jehová, y su justicia de por mí, dijo Jehová.

Salmo 33:10 (RVA) Jehová hace nulo el consejo de las gentes, Y frustra las maquinaciones de los pueblos.

Salmos 91:11-12 (RVA) Pues que á sus ángeles mandará acerca de ti, Que te guarden en todos tus caminos. En las manos te llevarán, Porque tu pie no tropiece en piedra.

Isaías 43:15-16 (RVA) Yo Jehová, Santo vuestro, Criador de Israel, vuestro Rey. Así dice Jehová, el que da camino en la mar, y senda en las aguas impetuosas;

1 Juan 4:4 (RVA) Hijitos, vosotros sois de Dios, y los habéis vencido; porque el que en vosotros está, es mayor que el que está en el mundo.

Filipenses 4:13 (RVA) Todo lo puedo en Cristo que me fortalece.

Mateo 19:26 (NVI) Para los hombres es imposible —aclaró Jesús, mirándolos fijamente—,mas para Dios todo es posible.

Isaías 53:5 (RVA) Mas él herido fué por nuestras rebeliones, molido por nuestros pecados: el castigo de nuestra paz sobre él; y por su llaga fuimos nosotros curados.

Proverbios 3:4 (RVA) Y hallarás gracia y buena opinión En los ojos de Dios y de los hombres.

30
ORACIÓN POR LA COMPRENSIÓN DE LA FE

Pero sin fe es imposible...

Padre, en el nombre de Jesús, les hago conocer mi petición hoy porque su Palabra dice en *Filipenses 4:6-7 (RVA) tiene cuidado para nada: pero en todo, por oración y súplica con acción de gracias, **sus peticiones sean conocidas a Dios**. Y la paz de Dios, que pasa por debajo de todo, guardará vuestros corazones y mentes a través de Cristo Jesús.*

Mi oración de hoy, Señor, es para que entienda cómo funciona y opera la Fe en mi vida. Quiero saber tu perspectiva sobre la fe. Quiero tener un discernimiento claro sobre cómo necesito caminar por fe para cada área de mi vida. *2 Corintios 5:7 (RVR1977) porque por fe andamos, no por vista.*

Hoy hablo tus palabras sobre mí mismo. Elijo tenerlas profundamente dentro de mi espíritu, para que caminar por fe sea un estilo de vida y no un salvavidas. La Palabra de Dios será lo primero en lo que pensaré cuando me enfrente a un problema. No me apoyaré en mi propio entendimiento o en el entendimiento del mundo. Tu Palabra dice en *Proverbios 3:5, Confía en el SEÑOR con todo tu corazón y apóyate en tu propio entendimiento.* Tu Palabra es perfecta. Reconociendo que tu Palabra me mantiene en el camino que has creado para mí. Porque tu Palabra es perfecta, elegiré hablar tu Palabra de fe.

Padre, tu Palabra dice en *Proverbios 4:20-23 Hijo mío, presta atención a lo que digo; gira tu oído a mis palabras. No los dejes fuera de tu vista, mantenlos dentro de tu corazón; porque son vida para aquellos que los encuentran y salud para todo el cuerpo de uno, por encima de todo, guarda tu corazón, porque todo lo que haces fluye de él.*

Por lo tanto, debido a que tu Palabra es vida y salud, elijo prestar atención a tu Palabra. Elijo decir tus palabras de la fe sobre mí y mi familia

Tu Palabra dice en *Hebreos 11:6* Pero sin fe es imposible complacerte. Por eso rezo esta oración. Es mi deseo caminar por fe y complacerte. En *Lucas 5:20*, Jesús vio la fe de los amigos del hombre que necesitaba curación cuando lo bajaron a través del techo a Jesús. Esos amigos tenían gran fe. Ayúdame a demostrar ese tipo de fe a mis amigos y familiares para que puedan verte a través de mí.

En el nombre de Jesús. Amén.

MOMENTO DE ALABANZA #5

1 Tesalonicenses 5:16-18 (RVR1960) Estad siempre gozosos. Orad sin cesar. Dad gracias en todo, porque ésta es la voluntad de Dios para con vosotros en Cristo Jesús.

1 Corintios 15:57 (RVR1960) Pero gracias sean dadas a Dios, que nos da la victoria por medio de nuestro Señor Jesucristo.

Padre, hoy elijo ir todo el día con una actitud de acción de gracias.
Cuando surjan desafíos*, te miraré con alabanza y acción de gracias, porque sé que tienes la respuesta y me verás hasta la victoria:*

31
ORACIÓN PARA ENTENDER LO GRANDE QUE ES EL AMOR DE DIOS PARA MÍ Y PARA LOS DEMÁS

Pero te digo: Ama a tus enemigos...

Efesios 3:17-19 (RVA) Que habite Cristo por la fe en vuestros corazones; para que, arraigados y fundados en amor, Podáis bien comprender con todos los santos cuál sea la anchura y la longura y la profundidad y la altura, Y conocer el amor de Cristo, que excede á todo conocimiento, para que seáis llenos de toda la plenitud de Dios.

Padre, es difícil para entender realmente la profundidad, amplitud y anchura de tu amor. Hoy vengo pidiendo comprensión sobre cuánto me amas, cuánto amas a los demás, incluso cuando parecemos ser poco adorables para nuestros estándares y los del mundo.

Primero, elijo hoy decir tu Palabra con respecto a tu amor. Yo pongo un base hoy, para permitir que mi comprensión sea clara y se sienta dentro de la mayoría de las partes internas de mi espíritu, cuerpo, alma y corazón. Hago que estas escrituras sean personales al insertar mi nombre, porque quiero que tu Palabra cobre vida dentro de mí.

Inserta tu nombre en los espacios en blanco o cualquier persona que conozcas que necesita saber que son amados.

Juan 3:16 (RVA) Porque de tal manera amó Dios al_____, que ha dado á su Hijo unigénito, para que todo _____ que en él cree, no se pierda, mas tenga vida eterna.

1 Juan 4:16 (RVA) Y nosotros _____ y creído el amor que Dios tiene para con nosotros. Dios es amor; y el que vive en amor, vive en Dios, y Dios en _____.

Romanos 8:37-39 (RVA) Antes, en todas estas cosas hacemos más que vencer por medio de aquel que nos amó. Por lo cual estoy cierto que ni la muerte, ni la vida, ni ángeles, ni principados, ni potestades, ni lo presente, ni lo por venir, Ni lo alto, ni lo bajo, ni ninguna criatura nos podrá apartar del amor de Dios, que es en Cristo Jesús Señor nuestro.

Padre, ayúdame a entender que tu amor es imparable. Que amas a cada persona que creaste, incluso a aquellas personas que tanto en sus vidas te han rechazado. Dame un corazón de amor para rezar por aquellos que me lastiman, aquellos que lastiman lo que tú amas. Tu Palabra dice en *Mateo 5:44 Pero te digo: Ama a tus enemigos, bendice a los que te maldicen, haz bien a los que te odian y reza por los que te usan a pesar y te persiguen;*
Señor, déjame ver a las personas como tú las ves.
Gracias porque nada puede separarnos de tu amor. Gracias que no hay nada demasiado grande para tus perdones. Déjame experimentar tu amor a través de otras personas, ayúdame a transmitir tu amor a los demás, incluso al que aparentemente es poco amable.
Jesús sufriste tanto debido a tu gran amor por nosotros.

(Visualiza una imagen en tu corazón de Jesús recibiendo azotes en la espalda, teniendo una corona de espinas colocadas en su cabeza, siendo clavado en la cruz, luego colgando de esa cruz en dolor agonizante, todo el tiempo siendo ridiculizado, burlado y menospreciado. Solo unos pocos sabían lo que realmente estaba haciendo en ese momento, e incluso ellos no entendían realmente la magnitud. Ahora entiende que Jesús te tenía en su mente mientras soportaba tal horror.)

¡Eso es AMOR!

Ahora, Padre, deja que mi fe y mi amor lleven a otros a la cruz.

En el nombre de Jesús. Amén.

32

ORACIONES SOBRE EL CAMBIO

PORQUE DIOS TIENE UNA NUEVA DIRECCIÓN PARA QUE VAYAS

y prosperan en todo lo que hacen...

Padre, en el nombre de Jesús, te pido que me ayudes a lidiar con el cambio. A lo largo de mi vida, el cambio ha sido una constante, pero a menudo no manejo muy bien el cambio. Puedo ser extremadamente lento para cambiar o puedo dejar que el cambio me detenga. Es mi deseo seguir adelante en las cosas que tienes para mí. Quiero tener un gran impacto en tu Reino; hacer las cosas que necesito hacer para cambiar de marcha para avanzar, pero esto ha sido difícil. Espíritu Santo, necesito tu guía para ayudarme con los cambios que estoy enfrentando. Rezo por confianza para saber que puedo hacer todas las cosas a través de Cristo que me fortalece. *Filipenses 4:13 (RVA) Todo lo puedo en Cristo que me fortalece.* Señor, siento que estés tirando de mi corazón para cambiar de dirección. Ayúdame a concentrarme en ti y en tu vocación. Evita que me quede en mi zona de confort. Es fácil mantener el status quo, pero si me estás pidiendo que me mude, entonces estoy de acuerdo contigo y me mudaré. No permitiré el miedo, ni permitiré que las opiniones de los demás me insuyan desde la dirección en la que me estás llevando. No permitiré que la duda me supere. No permitiré que mi edad o mis pasos en la vida me impidan lograr la llamada que tienes en mi vida. Incluso si nunca he hecho lo que siento que me estás diciendo, seguiré avanzando con audacia y determinación.

Elijo mantener tu Palabra frente a mí, ayudándome a estar a la altura del desafío de cambiar...

Salmo 1:3 (NTV) Son como árboles plantados a la orilla de un río, que siempre dan fruto en su tiempo. Sus hojas nunca se marchitan, y prosperan en todo lo que hacen.

Mi misión es caminar contigo y caminar en el llamado que tienes para mí, y prosperaré porque elijo plantarme firmemente en la Palabra.

En el nombre de Jesús. Amén.

33
ORACIÓN PARA CONQUISTAR EL MIEDO

Y en él estáis cumplidos...

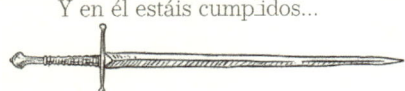

Padre, en el nombre de Jesús, estoy aprendiendo la importancia de hablar tu Palabra. Entonces, rezo y hablo tu Palabra porque el enemigo ha estado tratando de atacarme y hacerme temer. No importa si estoy lidiando con la preocupación, el estrés, la ansiedad o la pérdida, tu Palabra dice en *2 Timoteo 1:7 que no me has dado un espíritu de miedo, sino de poder y amor y una mente sana.* Tu Palabra también establece que ninguna arma formada contra mí prosperará y eso incluye el arma del miedo. Me niego a permitir que el enemigo me mantenga caminando en un lugar de miedo. Elijo una vida libre del miedo al enemigo. *2 Samuel 22:3 dice que tú eres el Dios de mi roca; en él confiaré; él es mi escudo, y el cuerno de mi salvación, mi torre alta, y mi refugio, mi salvador; tú me salvas de la violencia.*

Padre, tú eres mi roca, mi salvador, mi fortaleza. ¿Quién se cree el enemigo? Él no puede intimidarme; no puede hacerme caer; no puede hacerme fallar; no puede hacer que me rinda. Jesús derrotó al enemigo y me dio un vencedor completo. La Palabra dice en *Colosenses 2:10 Y en él estáis cumplidos, el cual es la cabeza de todo principado y potestad.*

Entonces, Señor, si estoy completo en Ti y si estoy en ti (que soy), entonces no hay lugar para el temor. Por lo tanto, elijo las palabras de Jesús, sobre las palabras y acciones de satanás y sus cohortes.

En el nombre de Jesús. Amén.

34
ORACIÓN POR TU CÓNYUGE

Mas yo haré venir sanidad para ti...

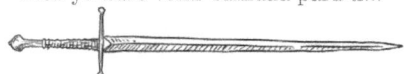

Padre, en el nombre de Jesús, rezo para que me ayudes a ser sensible a las necesidades de mi cónyuge. Rezo para que tu voluntad perfecta se haga en su vida. Rezo para que me muestres lo que mi cónyuge necesita y cómo puedo ayudar con esas necesidades. Pido protección divina sobre ellos mientras trabajan durante su día, el cuidado del hogar o en su trabajo. Rezo por claridad mental y te pido que los llenes de sabiduría, conocimiento y comprensión, con respecto a su vocación de tu parte. Te pido que les des los deseos de su corazón. (esos deseos profundos y divinos de los sueños) que colocaste dentro de ellos. Llénalos de fuerza sobrenatural para lograr las tareas de la vida. Dales un enfoque perfecto para entender cuándo moverse y cuándo estar quieto. Señor, lo sabes todo sobre mi cónyuge; sus deseos, sus anhelos, y sus necesidades. Llénalos según tu poder. *Romanos 15:13 (NVI) Que el Dios de la esperanza los llene de toda alegría y paz a ustedes que creen en él, para que rebosen de esperanza por el poder del Espíritu Santo.*

Señor, ayúdame a recordar siempre cuánto los amas y valoras. Ayúdame a valorarlos siempre como tú. No importa lo difíciles que sean algunas temporadas de nuestra vida, elijo mantenerme fuerte y apoyar a mi cónyuge a través de toda adversidad.

Te agradezco que mi cónyuge sea un poderoso guerrero para ti. Ayúdalos a mantenerse fuertes sin importar lo que se les ocurra. Ayúdame a ser fuerte cuando ellos son débiles y a mi cónyuge a ser fuerte cuando yo soy débil.

Rezo para que caminen con salud divina.

Jeremías 30:17 (RVA) Mas yo haré venir sanidad para ti, y te sanaré de tus heridas, dice Jehová;

Yo pido que vivan una larga vida hasta que estén satisfechos

Salmo 91:16 (RVR1977) Lo saciaré de larga vida, Y le mostraré mi salvación.

Mantenga nuestro amor y compromiso fuerte.
En el nombre de Jesús. Amén.

35

TRATANDO CON PERSONAS QUE TE LASTIMAN

La paz les dejo; mi paz les doy.

Padre, hoy vengo ante ti con mi corazón roto. Alguien a quien amo profundamente me ha lastimado. No sé cómo pudieron haber hecho algo tan horrible. Yo confié en ellos. Ahora, han quebrado esa confianza. Necesito saber actuar, cómo responder, cómo seguir adelante.

Una Palabra de Dios

Hija mía, sabía que me gritarías hoy. Siento tu corazón roto. Sepa que estoy aquí con usted en este mismo momento. Veo tus lágrimas; siento tu dolor. Mi Palabra dice que estoy cerca de los corazones rotos. (Salmo 34:18) EL SEÑOR está cerca de los quebrantamientos y salva a los que están aplastados en espíritu. Me doy cuenta de que ahora mismo, en este mismo momento, tu espíritu está aplastado. Necesito que sepas que puedes confiar en mí. Puedes confiar en mí para convertir tu luto en baile. Puedes confiar en mí para secarte las lágrimas. Te llegarás al otro lado de esto. (2 Corintios 4:8-9) Estamos afligidos en todos los sentidos, pero no aplastados; Perplejo,

pero no llevado a la desesperación: persecuido, pero no abasado; derribado, pero no destruido, sé que sientes que no puedes respirar en este momento, pero lo superarás. Necesito que digas mi palabra de consuelo y victoria sobre ti mismo.
NO SIGAS ENSAYANDO EL DOLOR QUE SE TE HIZO.
Habla estas palabras sobre ti mismo cada vez que empieces a pensar en el dolor.

1 Pedro 5:7 (NVI) Depositen en él toda ansiedad, porque él cuida de ustedes.

2 Corintios 5:7 (RVR1960) porque por fe andamos, no por vista

2 Corintios 12:9 (NVI) pero él me dijo: «Te basta con mi gracia, pues mi poder se perfecciona en la debilidad». Por lo tanto, gustosamente presumiré más bien de mis debilidades, para que permanezca sobre mí el poder de Cristo.

Hebreos 13:5 (RVR1960) Sean vuestras costumbres sin avaricia, contentos con lo que tenéis ahora; porque él dijo: No te desampararé, ni te dejaré;

Isaías 41:10 (RVA) no temas, porque yo estoy contigo; no desmayes, porque yo soy tu Dios; yo te doy vigor; sí, yo te ayudaré, y siempre te sostendré con la diestra de mi justicia.

Jeremías 29:11 (NVI) Porque yo conozco los planes que tengo para ustedes —afirma el Señor—, planes de bienestar y no de calamidad, a fin de darles un futuro y una esperanza.

Juan 14:27 (NVI) La paz les dejo; mi paz les doy. Yo no se la doy a ustedes como la da el mundo. No se angustien ni se acobarden.

Mateo 11:28 (NVI) »Vengan a mí todos ustedes que están cansados y agobiados; yo les daré descanso.

Proverbios 3:5 (NVI) Confía en el Señor de todo corazón y no te apoyes en tu propia inteligencia.

Salmo 147:3 (NVI) Sana a los de corazón quebrantado y venda sus heridas.

1 Corintios 15:57 (NVI) ¡Pero gracias a Dios que nos da la victoria por medio de nuestro Señor Jesucristo!

Romanos 8:37 (NVI) Sin embargo, en todo esto somos más que vencedores por medio de aquel que nos amó.

Así que hoy, Señor, dejo de lado el dolor y los pensamientos dolorosos y elijo ponerme toda la armadura de Dios, para que sienta tu poder y amor envueltos a mi alrededor para que pueda mantener mi posición y después de haber hecho todo, todavía puedo mantenerme. *Efesios 6:13 Por lo tanto, pónganse toda la armadura de Dios, para que cuando llegue el día malo puedan resistir hasta el fin con firmeza.*

En el nombre de Jesús. Amén.

36

ORACIÓN POR LA RESTAURACIÓN

Porque yo restauraré tu salud y sanaré tus heridas...

Padre. Te agradezco que seas el Dios de la restauración. *Isaías 61:7 (NVI)* dice...*En vez de su vergüenza, mi pueblo recibirá doble porción; en vez de deshonra, se regocijará en su herencia; y así en su tierra recibirá doble herencia y su alegría será eterna.* Y así heredarás una porción doble en tu tierra, y la alegría eterna será tuya. Señor, ahora mismo parece imposible pensar que la restauración podría suceder, y mucho menos que siento alegría eterna. El viaje ha sido difícil en los días buenos. Pero me das el ejemplo de Job, y cómo perdió casi todo, pero como nunca te rechazó, le diste una restauración completa. *Job 42:10 (NVI) Después de haber orado Job por sus amigos, el Señor lo hizo prosperar de nuevo y le dio dos veces más de lo que antes tenía. Job 42:12 (NVI) El Señor bendijo más los últimos años de Job que los primeros, pues llegó a tener catorce mil ovejas, seis mil camellos, mil yuntas de bueyes y mil asnas.* Gracias, Señor, que no eres un respeto de las personas y lo que has hecho por uno lo harás por otro. *Hechos 10:34 (RVA) Entonces Pedro, abriendo su boca, dijo: Por verdad hallo que Dios no hace acepción de personas*; Gracias por poder venir audazmente a ti y dar a conocer mi petición. Por lo tanto, pido una restauración completa. Necesito restaurar mi mente, para no pensar en el pasado. Necesito una restauración para mi cuerpo porque es débil. Necesito restauración en mi familia porque hay relaciones que necesitan ser arreglados. Necesito restaurar mis finanzas porque los demás dependen de mí. Pero, sobre todo, Señor, necesito restaurar mi espíritu porque he dejado que la oscuridad se infiltrara. Restaura tu luz en mi espíritu, Señor, para que pueda ver con claridad y esperar que tu Palabra restaure mi espíritu.

¡Habla estos en voz alta!

Isaías 61:7 (NVI) En vez de su vergüenza, mi pueblo recibirá doble porción; en vez de deshonra, se regocijará en su herencia; y así en su tierra recibirá doble herencia y su alegría será eterna.

Jeremías 30:17 (NVI) Porque yo restauraré tu salud y sanaré tus heridas", afirma el Señor, "porque te han llamado la desechada, la pobre Sión, la que a nadie le importa".

2 Crónicas 7:14 (NVI) Si mi pueblo, que lleva mi nombre, se humilla y ora, y me busca y abandona su mala conducta, yo lo escucharé desde el cielo, perdonaré su pecado y restauraré su tierra.

Job 42:10 (NVI) Después de haber orado Job por sus amigos, el Señor lo hizo prosperar de nuevo y le dio dos veces más de lo que antes tenía.

Job 42:12 (NVI) El Señor bendijo más los últimos años de Job que los primeros, pues llegó a tener catorce mil ovejas, seis mil camellos, mil yuntas de bueyes y mil asnas.

2 Reyes 8:6 (NVI) El rey le hizo preguntas a la mujer y ella se lo contó todo. Entonces el rey ordenó a un funcionario[a] que se encargara de ella y le dijo: —Devuélvele todo lo que le pertenecía, incluso todas las ganancias que hayan producido sus tierras, desde el día en que salió del país hasta hoy.

Por lo tanto, también puedo pedir y creer en una restauración total.

1 Pedro 5:10 (NVI) Luego de que ustedes hayan sufrido un poco de tiempo, Dios mismo, el Dios de toda gracia que los llamó a su gloria eterna en Cristo, los restaurará y los hará fuertes, firmes y estables.

Salmo 51:12 (NVI) Devuélveme la alegría de tu salvación; que un espíritu de obediencia me sostenga.

Isaías 61:7 (NVI) En vez de su vergüenza, mi pueblo recibirá doble porción; en vez de deshonra, se regocijará en su herencia; y así en su tierra recibirá doble herencia y su alegría será eterna.

Hechos 3:21 (NVI) Es necesario que él permanezca en el cielo hasta que llegue el tiempo de la restauración de todas las cosas, como Dios lo ha anunciado desde hace siglos por medio de sus santos profetas.

Joel 2:25 (NVI) «Yo los compensaré a ustedes por los años en que todo lo devoró ese gran ejército de langostas que envié contra ustedes: las grandes, las pequeñas, las jóvenes y los saltamontes.

Ezequiel 22:30 (NBLA) Busqué entre ellos alguien que levantara un muro y se pusiera en pie en la brecha delante de Mí a favor de la tierra, para que Yo no la destruyera, pero no lo hallé.

Colosenses 1:9 (NVI) Por esta razón, también nosotros, desde el día que lo supimos, no hemos cesado de orar por ustedes, pidiendo que sean llenos del conocimiento de Su voluntad en toda sabiduría y comprensión espiritual

Mateo 5:44 (NVI) Pero yo digo: Amen a sus enemigos y oren por quienes los persiguen

1 Timoteo 2:1 (RVA) AMONESTO pues, ante todas cosas, que se hagan rogativas, oraciones, peticiones, hacimientos de gracias, por todos los hombres;

1 Pedro 3:15 (NTV) En cambio, adoren a Cristo como el Señor de su vida. Si alguien les pregunta acerca de la esperanza que tienen como creyentes, estén siempre preparados para dar una explicación;

Hebreos 7:25 (NVI) Por eso también puede salvar por completo a los que por medio de él se acercan a Dios, ya que vive siempre para interceder por ellos.

Colosenses 3:13 (NVI) De modo que se toleren unos a otros y se perdonen si alguno tiene queja contra otro. Así como el Señor los perdonó, perdonen también ustedes.

Lucas 6:28 (NVI) Bendigan a quienes los maldicen y oren por quienes los maltratan.

Mateo 6:14 (NVI) »Porque si perdonan a otros sus ofensas, también los perdonará a ustedes su Padre celestial.

Job 42:10 (NVI) Después de haber orado Job por sus amigos, el Señor lo hizo prosperar de nuevo y le dio dos veces más de lo que antes tenía.

1 Tesalonicenses 5:17 (NVI)... oren sin cesar.

MOMENTO DE ALABANZA #6

Salmo 103:1-4 (NVI) Alaba, alma mía, al Señor; alabe todo mi ser su santo nombre. Alaba, alma mía, al Señor y no olvides ninguno de sus beneficios. Él perdona todos tus pecados y sana todas tus dolencias; él rescata tu vida del sepulcro y te corona de gran amor y misericordia;

Salmo 118:24 (RVR1960) Este es el día que hizo Jehová; Nos gozaremos y alegraremos en él.

1 Crónicas 16:34 (NVI) »Den gracias al Señor porque él es bueno; su gran amor perdura para siempre.

Salmo 28:7 (RVR1960) Jehová es mi fortaleza y mi escudo; En él confió mi corazón, y fui ayudado. Por lo que se gozó mi corazón, Y con mi cántico le alabaré.

Gracias, Padre, por redimirme del pozo, y coronarme con amor y compasión.
Me alegraré y me gozare porque hoy es un día que haz hecho.
Te daré las gracias hoy porque eres bueno y tu misericordia perdura para siempre. ¡Aleluya, gracias Jesús!

37

¡DIOS TE ESTÁ LLAMANDO!

¿Pero cómo pueden ellos invocarlo para que los salve si...

Una Palabra de Dios

Hijo mío, hoy quiero que escuches atentamente. Te estoy llamando. Te estoy llamando para que seas una luz en un mundo oscuro. La hora es crítica para que aceptes esta llamada.
Muchas vidas dependen de que respondas a mi llamada. Escucha, escucha, escucha. El Espíritu Santo te está hablando. Tengo grandes planes para mi reino, tengo grandes planes para ti. No creas que eres inadecuado para contestar la llamada. Te he dado todas las herramientas que necesitas para caminar completamente en Mí.
¿Dónde estás plantado? ¿Qué vas a hacer hoy? ¿Estás creciendo? ¿Estás estancado? ¿Estás siendo arrastrado por los vientos de este mundo de aquí a allá, sin propósito? Haz un balance de dónde estás. Escucha, escucha, escucha. Te estoy llamando. ¡Desenchufa tus oídos y escucha! Hay un mundo que está perdido. Mi corazón te está pidiendo ayuda. El mundo necesita a mi hijo Jesús. ¿Quién se los dirá? ¿Responderás a la llamada? Si escuchas con atención, no solo escucharás los latidos de mi corazón, sentirás

*mi amor y compasión por los perdidos. Necesito que
les hables de mi hijo. Necesito que les muestres sus
poderosas obras. Necesito que experimenten señales y
maravillas. Quiero curarlos. Quiero liberarlos.
Quiero dejarlos libre. Pero deben escuchar. ¿Cómo
pueden escuchar a menos que mis hijos respondan a
la llamada y se lo digan? Ir a todo el mundo no era
una declaración inactiva. Es parte de tu llamado. No
dejes que el ajetreo de la vida estorbe. No dejes que te
detenga de tu llamada. Te necesito, hijo mío.
Ahora que te has enterado, es hora de actuar. Es
hora de profundizar. Ahora, no es el momento de
estar quieto. El mundo te necesita. Yo te necesito. No
esperes hasta que lo tengas todo "en orden". Hoy es el
día de la salvación. Difunde al mundo. Una persona a
la vez. No tienes que ser un gran orador, no tienes que
ser audaz. Trabajo dentro de tu personalidad. Yo te
hice. No importa quién seas, no importa lo atrevido o
tímido que seas, no importa lo popular o aislado que
seas, ¡TE ESTOY LLAMANDO!
Déjame mostrarme poderoso dentro y a través de ti...
¡CONTESTA LA LLAMADA!*

*Romanos 10:14 (NTV) ¿Pero cómo pueden ellos invocarlo
para que los salve si no creen en él? ¿Y cómo pueden creer
en él si nunca han oído de él? ¿Y cómo pueden oír de él a
menos que alguien se lo diga?*

38

ORACIÓN PARA NUESTRA NACIÓN

La justicia engrandece la nación...

1 Timoteo 2:1-2 (RVA) AMONESTO pues, ante todas cosas, que se hagan rogativas, oraciones, peticiones, hacimientos de gracias, por todos los hombres; Por los reyes y por todos los que están en eminencia, para que vivamos quieta y reposadamente en toda piedad y honestidad.

Salmo 33:6-12 (RVA) Por la palabra de Jehová fueron hechos los cielos, Y todo el ejército de ellos por el espíritu de su boca. El junta como en un montón las aguas de la mar: El pone en depósitos los abismos. Tema á Jehová toda la tierra: Teman de él todos los habitadores del mundo. Porque él dijo, y fué hecho; El mandó, y existió. Jehová hace nulo el consejo de las gentes, Y frustra las maquinaciones de los pueblos. El consejo de Jehová permanecerá para siempre; Los pensamientos de su corazón por todas las generaciones. Bienaventurada la gente de que Jehová es su Dios; El pueblo á quien escogió por heredad para sí.

Proverbios 14:34 (RVA) La justicia engrandece la nación: Mas el pecado es afrenta de las naciones.

Señor en el nombre de Jesús, traigo mi nación ante ti. Pido que te muevas sobre nuestra nación para que la verdad, la justicia y la integridad prevalezcan. Padre, es obvio que el enemigo (Satanás y sus secuaces) tiene una agenda demoníaca para evitar que la verdad, la justicia y la integridad prevalezcan en nuestra tierra. Hay personas que el enemigo está usando para hacer que las agendas impías sean impulsadas hacia adelante. Hoy hablo en contra de esas agendas. Hablo en contra de las estrategias demoníacas que intentarían de tomar nuestra nación. Hablo en contra de cualquier cosa que te impida ser el centro y la fundación de nuestra nación. Tu palabra dice en *Efesios 6:11 (RVA) Vestíos de toda la armadura de Dios, para que podáis estar firmes contra las asechanzas del diablo.* Así que, hoy me pongo la armadura de Dios y uso la Espada del Espíritu (La PALABRA) para mantener mi posición y derrotar estas agendas impías.

Padre, digo en el nombre de Jesús que ninguna arma formada contra mi nación prosperará. Digo que todos los dardos ardientes del enemigo serán frustrados. Eso significa que cualquier intento terrorista, o otras acciones malvadas que los enemigos de mi nación esten tratando de llevar a cabo no tendrán éxito. Protege nuestros líderes. Dales sabiduría divina, conocimiento y comprensión sobre cómo gobernar esta nación, como tú harías que se gobernara. Deja que tu poder fluya en esta nación, haciendo que la paz, la verdad, la justicia y la integridad prevalezcan.

En el nombre de Jesús. Amén.

39

ALABANZA Y ADORACIÓN

Porque el Señor tu Dios, está en medio de ti como...

Padre cómo te adoro? ¿Cómo entro en tu presencia? Todos los días me siento atraído por ti, pero me siento insuficiente para pensar que quieres saber de mí. Tienes un coro de ángeles que rodean tu trono todos los días gritando Santo, Santo, Santo es el Señor Dios Todopoderoso. ¿Qué puede añadir mi voz a eso?

Una Palabra del Señor

Hijo mío, fuiste creado para adorarme. Esa es la razón por la que te sientes tan atraído a mí. Deseo escuchar tus alabanzas; deseo sentir tu amor a través de la adoración y la alabanza. Tus alabanzas crean una sinfonía de voces en el cielo que es majestuosa, impresionante y poderosa. El enemigo podría decirte que es tonto, pero no lo es. Él conoce el poder de la adoración. El enemigo sabe que las fortalezas se pueden romper a través de la alabanza y la adoración. Así que lucha contra el ruido y comienza a alabarme y adorarme todos los días.

2 Crónicas 20:22 (RVR1977) Y cuando comenzaron a entonar cantos de alabanza, Jehová puso contra los hijos de Amón, de Moab y del monte de Seír, las emboscadas de ellos mismos que venían contra Judá, y se mataron los unos a los otros.

Así que, cuando me alabas y me adoras, no simplemente entrando en mi presencia para agradecerme, estás haciendo que el cielo se mueva en la tierra con el poder de mi victoria. Nunca subestimes el impacto de tu alabanza y adoración, porque es extremadamente poderoso en muchos niveles. Puede mover montañas; puede calmar tormentas; atrae el cielo a cualquier situación que estes experimentando. No lo olvides nunca. Así que, ¡Alabame, porque estoy cantando sobre ti!

Sofonías 3:17 (NVI) Porque el Señor tu Dios, está en medio de ti como poderoso guerrero que salva. Se deleitará en ti con gozo, te renovará con su amor; se alegrará por ti con cantos».

> *¡Ven a mi presencia cantando con alegría! Que alegría debería ser para ti, sabiendo que soy tu Creador. Estás hecho para adorarme y alabarme. Agradéceme por lo que soy y por todo lo que he hecho. Sé agradecido por mi plan de creación, salvación y redención. Sé agradecido de que Jesús sufrió la cruz por tu victoria. Sé agradecido por el poder de mi Palabra, porque es tu arma ofensiva contra el enemigo; es tu fuerza, tu dirección. Sé agradecido por el Espíritu Santo porque Él te guía en todos tus caminos. Alábame y adorame por mi bondad, mi gracia, mi misericordia y mi amor. Elogiame porque nunca me rindo contigo, te estoy persiguiendo continuamente.*
> *Alaba y adora porque Soy tu Creador; Salvador y Rey!*

Salmo 100:1-5 (RVR1977) Cantad alegres a Dios, habitantes de toda la tierra. Servid a Jehová con alegría; Venid ante su presencia con regocijo. Reconoced que Jehová es Dios; Él nos hizo, y no nosotros a nosotros mismos; Pueblo suyo somos, y ovejas de su prado. Entrad por sus puertas con acción de gracias, Por sus atrios con alabanza; Alabadle, bendecid su nombre. Porque Jehová es bueno; para siempre es su misericordia, Y su verdad por todas las generaciones.

40

CIELO ATRACTIVO

Oren sin cesar, den gracias a Dios en toda situación...

Mateo 16:19 (NVI) Te daré las llaves del reino de los cielos; todo lo que ates en la tierra quedará atado en el cielo y todo lo que desates en la tierra quedará desatado en el cielo.

Juan 14:14 (NVI) Lo que pidan en mi nombre, yo lo haré.

Marcos 11:24 (NVI) Por eso les digo: Crean que ya han recibido todo lo que estén pidiendo en oración y lo obtendrán.

Padre, te pido hoy que me ayudes a darme cuenta de lo poderosa que es la oración. Muéstrame que el cielo realmente está atento esperando a que me comprometa. Ayúdame a darme cuenta de que me necesitas a mí y al resto de la iglesia para rezar. **Recuérdame que la oración cambia las cosas en el reino espiritual, que la oración es mi voz alineada con tu Palabra haciendo que la victoria se manifieste en mi vida y en las vidas de aquellos por los que estoy orando.** Gracias porque tu Palabra me muestra que la oración no es algo que haga cuando las cosas van mal, pero que la oración es un estilo de vida. Tu Palabra dice en *Efesios 6:18 (NVI) Oren en el Espíritu en todo momento, con peticiones y ruegos. Manténganse alertas y perseveren en oración por todos los creyentes.*

Santiago 5:16 (NVI) Por eso, confiésense unos a otros sus pecados y oren unos por otros, para que sean sanados. La oración del justo es poderosa y eficaz.

La oración de una persona justa es poderosa y efectiva.

1 Tesalonicenses 5:16-18 (NVI) Oren sin cesar, den gracias a Dios en toda situación, porque esta es su voluntad para ustedes en Cristo Jesús.

Gracias Señor, que estos versículos sean claros. La oración debe ser continua y activa en mi vida diaria. Recuérdame, Señor, que me comprometa con el cielo durante todo el día, hablando tu Palabra sobre cualquier situación o necesidad que yo, o los que están cerca de mí, se enfrentan.

Una Palabra del Señor

Hijo mío, escucharte decir Mi nombre es uno de los sonidos más dulces que puedo escuchar. Quiero hablar contigo a lo largo de tu día. Al igual que te encanta escuchar a aquellos que amas mucho, es lo mismo para mí. Participar conmigo te da fuerza, claridad, determinación, enfoque y compasión. Estoy aquí en cada momento para ti. Empieza a sintonizar mi frecuencia durante tu día. El mundo tiene tantas frecuencias que compiten por tu atención, pero YO SOY el que más necesitas. Encuentra mi frecuencia cuando empieces tu día. Te escucho decir: "pero Señor, estoy demasiado ocupado durante todo el día para detenerme y rezar". No dije Parar y Rezar. Dije, mantente atento a mi frecuencia, para que puedas involucrarme al instante. Sintonice antes de comenzar una reunión, antes de salir de su automóvil, antes de interactuar con otros. Siempre estoy hablando. Selecciona un verso de Mi Palabra para pensar en ello a diario. Entonces, a medida que a lo largo de tu día, déjame recordarte ese versículo. Recuerda que mi palabra es una luz para tu camino. Déjame iluminar tu camino todos los días. No es algo difícil, es un nuevo hábito que necesitas crear. Sé sensible al Espíritu Santo, él te mantendrá en el flujo de mi frecuencia. pero debes querer estar allí.

Salmo 119:105 (NVI) Tu palabra es una lámpara a mis pies; es una luz en mi sendero.

41

ORANDO POR EL FAVOR DE DIOS

Porque por gracia habéis sido salvados...

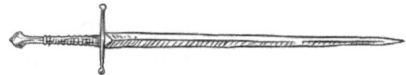

Padre, hoy estoy agradecido de que a lo largo de tu Palabra, tu deseo es que yo camine a tu favor. *Salmo 84:11(NVI) El Señor es sol y escudo; Dios nos concede honor y gloria. El Señor no niega sus bondades a los que se conducen con integridad.* Tu Palabra también dice que buscas por toda la tierra a alguien que te muestre fuerte. *2 Crónicas 16:9 (RVA) Porque los ojos de Jehová contemplan toda la tierra, para corroborar á los que tienen corazón perfecto para con él.* Locamente has hecho en esto; porque de aquí adelante habrá guerra contra ti. Padre, sé que solo a través de la sangre del Cordero soy irreprochable y perfecto, porque la sangre me limpia de toda iniquidad. Estoy muy agradecido por tu plan de salvación y liberación. Gracias a ese plan, ahora sé que puedo caminar en la plenitud de tu favor.

Tu Palabra dice que otorgas favor y honor. Señor, tengo muchos objetivos que quiero lograr en mi vida, pero sé que estos objetivos serían imposibles sin tu favor. Lo más importante, Señor, quiero que mis deseos se alineen con tu voluntad para poder llegar audazmente a tu trono pidiendo tu gracia, misericordia y favor para superarme a mí y a mi familia.

Hebreos 4:16 (RVA) Lleguémonos pues confiadamente al trono de la gracia, para alcanzar misericordia, y hallar gracia para el oportuno socorro.

Quiero ser un guerrero para ti Señor. Quiero hacer poderosas hazañas para tu reino. Padre, quiero que tu favor me ayude a llevar a otros a tu presencia. Quiero que tu favor me ayude a ayudar a otros a cambiar sus vidas, llevándolos a tu reino.

Salmo 90:17 (RVR1977) Descienda el favor del Señor, nuestro Dios, sobre nosotros, Y ordena en nosotros la obra de nuestras manos; Confirma tú la obra de nuestras manos.

Padre, deja que tu favor mueva a personas, lugares, cosas y eventos dentro y fuera de mi vida para lograr tu voluntad perfecta para mi vida. Te necesito en todas las áreas, no para poder presumir, sino para poder mostrar a los demás lo grande que es realmente el único Dios Viviente al que sirvo.

En el nombre de Jesús. Amén.

Efesios 2:8-10 (RVR1977) Porque por gracia habéis sido salvados por medio de la fe; y esto no proviene de vosotros, pues es don de Dios; no a base de obras, para que nadie se gloríe. Porque somos hechura suya, creados en Cristo Jesús para buenas obras, las cuales Dios preparó de antemano para que anduviésemos en ellas.

MOMENTO DE ALABANZA #7

Salmo 136 (NVI)

Den gracias al Señor, porque él es bueno; *su gran amor perdura para siempre.*
Den gracias al Dios de dioses; *su gran amor perdura para siempre.*
Den gracias al Señor de los señores; *su gran amor perdura para siempre.*
Al único que hace grandes maravillas; *su gran amor perdura para siempre.*
Al que con inteligencia hizo los cielos; *su gran amor perdura para siempre.*
Al que expandió la tierra sobre las aguas; *su gran amor perdura para siempre.*
Al que hizo las grandes lumbreras; *su gran amor perdura para siempre.*
El sol, para gobernar el día; *su gran amor perdura para siempre.*
La luna y las estrellas, para gobernar la noche; *su gran amor perdura para siempre.*
Al que hirió a los primogénitos de Egipto; *su gran amor perdura para siempre.*
Al que sacó de Egipto a Israel; *su gran amor perdura para siempre.*
Con mano poderosa y con brazo extendido; *su gran amor perdura para siempre.*
Al que partió en dos el mar Rojo; *su gran amor perdura para siempre.*
Y por en medio hizo cruzar a Israel; *su gran amor perdura para siempre.*
Pero hundió en el mar Rojo al faraón y a su ejército; *su gran amor perdura para siempre.*
Al que guio a su pueblo por el desierto; *su gran amor perdura para siempre.*
Al que hirió de muerte a grandes reyes; *su gran amor perdura para siempre.*
Al que a reyes poderosos les quitó la vida; *su gran amor perdura para siempre.*
A Sijón, el rey amorreo; *su gran amor perdura para siempre.*
A Og, el rey de Basán; *su gran amor perdura para siempre.*
Cuyas tierras entregó como herencia; *su gran amor perdura para siempre.*
Como herencia para su siervo Israel; *su gran amor perdura para siempre.*
Al que nunca nos olvida, aunque estemos humillados; *su gran amor perdura para siempre.*
Al que nos libró de nuestros adversarios; *su gran amor perdura para siempre.*
Al que alimenta a todo ser viviente; *su gran amor perdura para siempre.*
¡Den gracias al Dios de los cielos! *¡Su gran amor perdura para siempre!*

Padre, nos has dado mucho por lo que estar agradecidos.
Gracias por que tu amor perdura para siempre.
Gracias, Jesús, por la victoria. Gracias, Espíritu Santo, por el conocimiento revelador de la Palabra y por ayudarme a crecer cada día.
¡Aleluya al Señor Mas Alto!

42

ORANDO POR ISRAEL

Porque no tenemos lucha contra sangre y carne...

Padre, hoy rezo por Israel. Tu Palabra dice en el *Salmo 122:6 (RVR1977) Pedid por la paz de Jerusalén; Sean prosperados los que te aman.* Amo a Jerusalén, Señor, y rezo por la paz de Jerusalén hoy. Se siente como si el mundo entero estuviera en contra de ellos. Sé que Israel está rodeado por todos lados por aquellos que quieren su destrucción completa, pero también sé que Israel es la niña de tus ojos. *Zacarías 2:8 (RVR1977) Porque así ha dicho Jehová de los ejércitos: Tras la gloria me enviará él a las naciones que os despojaron; porque el que os toca, toca a la niña de su ojo.* Padre, hablo con la autoridad que me has dado a través de la sangre de Jesús, que ninguna arma formada contra Israel prosperará. Yo digo que los principados, los poderes y los gobernantes de la oscuridad no tienen ningún efecto en ningún esquema que hayan ideado contra Israel. Te agradezco, Señor, que Israel esté protegido desde el río hasta el mar. Protege al pueblo de Israel, Señor. Dales la fuerza para luchar, para ponerse de pie y para creer que nunca los decepcionarás. Señor, te agradezco que nunca los dejarás ni los abandonarás, y siempre saldrán victoriosos. Señor, confunde y sorprende a sus enemigos. Que sus enemigos vean todo el cielo viniendo al rescate de Israel.

Que las victorias de Israel sean una señal para las naciones que solo el Dios Vivo es el Dios de Israel. Que sus victorias también muestren a los pueblos de la tierra que necesitan adorar al Dios de Abraham, Isaac y Jacob a través de Jesús, el hijo. Que la salvación sea magnificada a través de las victorias de Israel.

Efesios 6:12 (RVR1977) Porque no tenemos lucha contra sangre y carne, sino contra principados, contra potestades, contra los dominadores de este mundo de tinieblas, contra huestes espirituales de maldad en las regiones celestes.

Éxodo 23:31 (RVR1977) Y fijaré tus límites desde el Mar Rojo hasta el mar de los filisteos, y desde el desierto hasta el río; porque pondré en tus manos a los moradores de la tierra, y tú los echarás de delante de ti.

Zacarías 12:4-5 (RVR1977) En aquel día, dice Jehová, heriré con pánico a todo caballo, y con locura al jinete; mas sobre la casa de Judá abriré mis ojos, y a todo caballo de los pueblos heriré con ceguera. Y los capitanes de Judá dirán en su corazón: Los habitantes de Jerusalén son mi fuerza en Jehová de los ejércitos, su Dios.

Génesis 12:3 (RVR1977) Bendeciré a los que te bendigan, y a los que te maldigan maldeciré; y serán benditas en ti todas las familias de la tierra.

Isaías 60:12 (RVR1977) Porque la nación o el reino que no te sirva perecerá; tales naciones serán del todo asoladas.

43

VEN MAS ALTO

Los bendeciré a los que te bendigan...

Una Palabra del Señor

Hijo mío, de hoy en adelante, te estoy llamando a subir más alto: preguntas: "¿Qué significa esto, subir más alto?" Significa que no importa dónde estés en tu caminar conmigo, siempre hay más de mí para explorar. Hay más de mí para conocer. Hay más luz disponible para penetrar en la oscuridad. Soy un Dios multifacético. Justo cuando miras un diamante, la mayoría de la gente solo mira la superficie, pero si miras más de cerca, si colocas una lupa sobre él, verás que hay más facetas de las que puedes contar. Así, hija mía, soy yo. Oh, la alegría que quiero que experimentes, mientras buscas mis muchas facetas. ¡Soy Vida! ¡Soy Luz! ¡Soy Victoria! ¡Soy Sabiduría! ¡Soy Paz! ¡Soy tu consolador! ¡Lo que sea que necesites, SOY! Si bien tienes conocimiento mental de todas estas cosas, no tienes conocimiento del corazón, (conocimiento profundo del corazón espiritual). Estás caminando con una actitud de sobrevivir, cuando podrías estar caminando con una actitud de victoria. Estás caminando en el mugre y el lodo en lugar de

caminar en la belleza de Mi santidad.
Las facetas en un diamante hacen que la luz parezca que está bailando desde dentro. Quiero que subas más alto para que puedas experimentar mi vida bailando dentro de ti.
Un diamante es brillante, y cuando más cerca miras, más puedes ver la belleza de su brillo. Eso es lo que quiero para ti. Quiero que bailes conmigo en la belleza de la luz de mi brillantez. Oh, quiero que bailes conmigo en mi Palabra. Mi Palabra abre capas de luz que atraviesan cualquier oscuridad que puedas estar experimentando. Llegar más alto significa alabar, adorar y buscar. Alábame por lo que he hecho, adorame por lo que soy y luego busca mis capas en las profundidades de Mi palabra. Deja que el Espíritu Santo te lleve más alto. Se vuelve más brillante y hermoso a medida que asciendes. Así que, lucha para ascender. No dejes que las distracciones te impidan subir más alto. En la ascensión encontrarás cosas grandes y maravillosas.

Sí Señor, quiero subir más alto. Quiero bailar en tu brillantez y conocerte más profundamente. Por favor, ayúdame a seguir ascendiendo incluso cuando la vida es demasiado ocupada. Ayúdame a recordar que otras personas necesitan que ascienda, necesitan entender quién eres. Quiero ser luz en la oscuridad cuando intenta apoderarse. Deseo hoy subir más alto. Elijo que mi luz se sea más brillante. Deseo adorarte en la belleza de tu Santidad.

En el nombre de Jesús. Amén.

44

ACEPTA LA CURACIÓN DE DIOS

Cuando Jesús la vio, la llamó y dijo:
—¡Mujer, quedas libre de tu enfermedad!

Lucas 13:11-13 (NVI) y estaba allí una mujer que por causa de un espíritu llevaba dieciocho años enferma. Andaba encorvada y de ningún modo podía enderezarse. Cuando Jesús la vio, la llamó y dijo: —¡Mujer, quedas libre de tu enfermedad! Al mismo tiempo, puso las manos sobre ella; al instante la mujer se enderezó y empezó a alabar a Dios.

Padre, gracias por este ejemplo en tu Palabra. Mientras leo esto, me doy cuenta de que esta mujer no vino a ti pidiendo curación, ningún amigo te la trajo para que se sanara, nadie estaba atando o aflojando al enemigo que dijiste que la había atado durante esos dieciocho años. Aunque todos esos tipos de curaciones son necesarias, en este ejemplo la curaste sin que se hicieran esas cosas. Qué poderoso es tu amor, Señor. Estaba inclinada y todo lo que podía ver era el suelo. Pero la viste, justo donde estaba. Viste su necesidad y la curaste. Parecía no hacer nada más que aceptar su curación.

Gracias, Señor, que incluso en mi propia oscuridad, incluso en mi propia ceguera, me ves. Gracias que incluso si el peso de mi enfermedad es tan grande que ni siquiera puedo mirar hacia arriba para buscarte en los cielos, sabes exactamente lo que necesito, exactamente en el momento adecuado. Te agradezco, Señor, que mientras paso por la vida me estés mirando, nunca me dejas.

Sabes lo que necesito antes de saberlo, gracias, Señor, por tu poder curativo que fluye desde el cielo hacia mi vida y hacia las vidas de mi familia. Hoy, acepto mi curación libremente, así como lo hizo la mujer. Gracias por tocarme, Jesús, y te agradezco que escucho tus palabras "ESTÁS LIBERADO DE TU ENFERMEDAD".

En el nombre de Jesús. Amén.

45

DIOS DE LOS MILAGROS

Con todo mi corazón, con toda mi vida...

Una Palabra del Señor

Hijo mío, YO SOY el DIOS de los milagros. Muchos de ustedes están mirando sus circunstancias y diciéndose a sí mismos, Dios ya no hace milagros. He pedido un milagro, y no veo uno. DÉJAME SER CLARO; el hecho de que no veas una respuesta inmediata a tu solicitud de milagro no significa que NO ESTÉ trabajando. Tu milagro podría estar a la vuelta de la esquina. ¿Dónde está tu fe? ¿No dice mi Palabra en Hebreos 13:8 que soy el mismo ayer, hoy y para siempre? Necesitas recordar todos los milagros que realicé a lo largo de Mi Palabra. La separación del Mar Rojo que destruyó a los enemigos de mis hijos, la mujer con el problema de sangre que tocó el dobladillo de mi ropa y se curó gracias a su fe, la alimentación de los cinco mil con solo unos pocos panes y peces, o el milagro de los amigos que tuvieron fe en bajar al hombre paralizado a través del techo para que fuera tocado y curado. Yo puse una moneda en la boca del pez para que se pudieran pagar los impuestos. Necesito que tengas la fe del centurión que entendió la autoridad, que entendió que Mi Palabra hablada, sanaría a su siervo. Necesito que tengas la fe de David que entendió el pacto que tenía conmigo, el Dios Vivo! Habla Mi Palabra con fe, entendiendo el pacto que tengo contigo y espera a ver cómo trabajo tu milagro. HOY SOY EL MISMO DIOS. Todavía curo a los ciegos y hago que los cojos caminen. Todavía proporciono pan a los hambrientos y agua a los sedientos. Todavía aplasto a tu enemigo. Todavía calmo las tormentas. YO SOY, EL GRANDE QUE SOY Y TODAVÍA REALIZO MILAGROS. Señales y las maravillas ocurren todo el tiempo. De hecho, puedes verlos con unos pocos movimientos de las yemas de los dedos. Búscalos, te sorprenderá que me esté moviendo y cumpliendo Mi Palabra en todo el mundo. Recuerda, solo porque no experimentes de primera mano, en tu marco de tiempo, no significa que YO no esté trabajando. Espera señales, maravillas y milagros y los verás.

Padre, gracias, que todavía estás en el negocio de milagros. Tu Palabra dice en el *Salmo 103: 1-6 (TPT) ¡Con todo mi corazón, con toda mi vida y con mi ser más íntimo, me inclino con asombro y amor ante ti, Dios Santo! Yahve, eres la celebración de mi alma. ¿Cómo podría olvidar los milagros de bondad que has hecho por mí? Besaste mi corazón con perdón, a pesar de todo lo que he hecho. Me has curado por dentro y por fuera de todas las enfermedades. Me has rescatado del infierno y me has salvado la vida. Me has coronado con amor y misericordia. Satisfaces todos mis deseos con cosas buenas. ¡Has sobrealimentado mi vida para que vuelva a volar como un águila voladora en el cielo! Eres un Dios que hace las cosas bien, dando justicia a los indefensos.*

Ayúdame, Señor, a nunca olvidar tu perfecto amor absoluto. Déjame recordar que eres Mi Dios, el único Dios vivo que todavía hace milagros.

En el nombre de Jesús. Amén

MOMENTO DE ALABANZA #8

Te bendeciré, Señor. Levantaré tu nombre en lo alto.
Magnificaré tu nombre porque es genial y muy digno de ser alabado.
Gritaré y cantaré de tu bondad porque eres digno.
Eres santo. Eres glorioso.
Que mi alabanza se una con la sinfonía de voces en el Cielo cantando al único Dios verdadero.
El Dios de mi salvación, mi Liberador, mi Sanador y mi Victor.

Salmo 34:1-3 (RVA) Salmo de David, cuando mudó su semblante delante de Abimelech, y él lo echó, y fuése. BENDECIRÉ á Jehová en todo tiempo; Su alabanza será siempre en mi boca. En Jehová se gloriará mi alma: Oiránlo los mansos, y se alegrarán. Engrandeced á Jehová conmigo, Y ensalcemos su nombre á una.

46

PODER DE LA ORACIÓN

Permanezcan despiertos y oren para que no caigan en tentación...

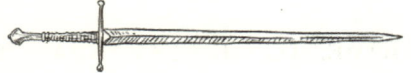

Hebreos 4:16 (NVI) Así que acerquémonos confiadamente al trono de la gracia para recibir la misericordia y encontrar la gracia que nos ayuden oportunamente.

Salmo 145:18 (NVI) El Señor está cerca de quienes lo invocan, de quienes lo invocan en verdad.

Salmo 143:1 (NVI) Escucha, Señor, mi oración; atiende a mi súplica. Por tu fidelidad y tu justicia, respóndeme.

1 Juan 5:14 (NVI) Esta es la confianza que tenemos al acercarnos a Dios: que, si pedimos cualquier cosa conforme a su voluntad, él nos oye.

Mateo 18:20 (NVI) Porque donde dos o tres se reúnen en mi nombre, allí estoy yo en medio de ellos.

Hechos 16:25-26 (NVI) A eso de la medianoche, Pablo y Silas se pusieron a orar y a cantar himnos a Dios, y los otros presos los escuchaban. De repente se produjo un terremoto tan fuerte que la cárcel se estremeció hasta sus cimientos. Al instante se abrieron todas las puertas y a los presos se les soltaron las cadenas.

Romanos 8:26 (NVI) Así mismo, en nuestra debilidad el Espíritu acude a ayudarnos. No sabemos qué pedir, pero el Espíritu mismo intercede por nosotros con gemidos que no pueden expresarse con palabras.

Santiago 5:16 (NVI) Por eso, confiésense unos a otros sus pecados y oren unos por otros, para que sean sanados. La oración del justo es poderosa y eficaz.

Mateo 26:41 (NVI) Permanezcan despiertos y oren para que no caigan en tentación. El espíritu está dispuesto, pero el cuerpo es débil.

2 Crónicas 7:14 (NVI) Si mi pueblo, que lleva mi nombre, se humilla y ora, y me busca y abandona su mala conducta, yo lo escucharé desde el cielo, perdonaré su pecado y restauraré su tierra.

Una Palabra del Señor

Hijo mío, nunca olvides que la oración es tu comunicación directa conmigo. Tengo un pacto contigo que te da acceso directo a mí. La oración es tu forma de entrar en mi presencia. Es tu forma de escuchar los latidos de mi corazón. La oración es tu ancla para la calma y la paz en tu vida. Cuando no llegas a mi presencia, la vida se vuelve ruidosa y tormentosa y es difícil desconectarla. Solo al conversar conmigo puedes realmente sintonizar todas las cosas que la vida y el enemigo te lanzan. Si rezas, puedo mostrarte y decirte todo lo que se refiere a vivir tu mejor vida a través de Mi Hijo, Jesús. Puedo mostrarte qué camino tomar cuando estés tratando de tomar una decisión. Puedo mostrarte cómo usar tu autoridad como creyente para hablar victoria a tu situación. No todas las circunstancias y desafíos se crean por igual. Debes venir ante mi y preguntarme cómo manejar cualquier situación dada. No debes dejarlo al azar. No dejes que el ajetreo y el bollo de la vida te mantenga fuera de mi presencia. De nuevo, la

*oración es tu salvavidas. Cada respuesta que necesites
la encontrarás en mi presencia. Ven a mi presencia
todos los días, muchas veces al día. Mi Palabra dice,
reza sin cesar. Eso significa reconocer que nunca te
dejo, siempre contigo, para que puedas conectarte
conmigo las 24 horas del día, los 7 días de la semana.
Aprovecha todo lo que tengo para ti. Mantente
conectado a mí.*

47

CÓMO REZAR EN MEDIO DE UNA TORMENTA

Por nada estéis afanosos..

Padre, te agradezco que seas Jehová Shalom, el Dios de la Paz. Señor, hoy estoy en medio de una tormenta. Todo a mi alrededor parece estar en caos y confusión. Siento como si no pudiera respirar. Necesito que respires tu paz sobre mí hoy. Estoy pidiendo sentir tu presencia y tu calma. Gracias porque me abrazas y me proteges, gracias por calmar mis miedos. Gracias, que eres mi Roca y mi Refugio, mi gran ayuda en tiempos de problemas. Yo sé, Señor, que eres más grande que cualquier tormenta a la que me enfrente. Te alabo en medio de esta tormenta porque sé que eres mi Dios que siempre libera. Dame claridad sobre lo que tengo que hacer, para que pueda llegar al otro lado. Mi fe está en Ti y en Tu Palabra, no en mis sentimientos y sentidos.

En el nombre de Jesús. Amén.

Lee estos versos:

Salmo 56:3 (RVR1960) En el día que temo, Yo en ti confío.

Isaías 41:13 (RVR1960) Porque yo Jehová soy tu Dios, quien te sostiene de tu mano derecha, y te dice: No temas, yo te ayudo.

Isaías 43:2 (RVR1960) Cuando pases por las aguas, yo estaré contigo; y si por los ríos, no te anegarán. Cuando pases por el fuego, no te quemarás, ni la llama arderá en ti.

Filipenses 4:6-7 (RVR1960) Por nada estéis afanosos, sino sean conocidas vuestras peticiones delante de Dios en toda oración y ruego, con acción de gracias. Y la paz de Dios, que sobrepasa todo entendimiento, guardará vuestros corazones y vuestros pensamientos en Cristo Jesús.

Juan 14:27 (RVR1960) La paz os dejo, mi paz os doy; yo no os la doy como el mundo la da. No se turbe vuestro corazón, ni tenga miedo.

Salmo 18:2 (NVI) Jehová, roca mía y castillo mío, y mi libertador; Dios mío, fortaleza mía, en él confiaré; Mi escudo, y la fuerza de mi salvación, mi alto refugio.

48
¡AYÚDAME DIOS!
SIGO COMETIENDO ERRORES

Señor, tú eres mi roca, mi fortaleza...

Una Palabra del Señor

Hijo mío, no estás solo en tus sentimientos. Mis hijos en todo el mundo me llaman porque sienten que no pueden hacerlo bien. Ya sea que vuelva a caer en la adicción, tratando de mantenerse saludable, continuar cometiendo algunos errores una y otra vez, con problemas familiares, problemas de negocios o problemas personales, no estás solo. Sé que no lo sientes, pero todo el cielo en te está animando. Todo el cielo quiere que estés tan conectado a Mí, tan en sintonía conmigo, que veas cómo detener el ciclo en el que estás. Estos pueden ser problemas difíciles. Tan difícil, de hecho, que la única salida es a través de Mí. ¡Sé que estás pensando que has intentado "todo"! Pero no es así. No has sido serio conmigo. Muchas veces, culpas a otros por tu situación. Al final, no tienen la culpa. Debes mirar profundamente dentro de ti mismo y aceptar que soy la única salida. Debes dejar de pensar en tu pasado y darte cuenta de que tienes un futuro brillante y lleno de éxito. Tus asuntos cuelgan sobre ti como una nube oscura. Yo SOY la salida, Yo SOY la vida que deseas. Mi verdad es la luz que disipará tu oscuridad. No te condeno por dónde estás. Eso es lo que tu enemigo, el diablo hace. He venido a darte vida y darte vida más abundantemente, no importa lo que hayas hecho. Pero debes dejarme entrar, debes pedirle a Jesús que sea verdaderamente el Señor de tu vida y dejar de jugar. Sé que estás cansado de ser miserable. ¿Cuántas veces te cansarás de decir solo una vez más, entonces puedo arreglarlo? ¡NO PUEDES ARREGLARLO! Solo yo puedo entregarte y colocarte en un lugar más alto. Un lugar tan alto que la cosa con la que has estado luchando nunca podrá hacerte daño de nuevo. Así que conéctate a mí hoy. Tienes todo que ganar y nada que perder. La victoria está a la mano. La victoria está en mi mano, ¡así que agarra mi mano AHORA MISMO!

1 Juan 1:9 (NVI) Si confesamos nuestros pecados, Dios, que es fiel y justo, nos los perdonará y nos limpiará de toda maldad.

Salmo 103:12 (NVI) Tan lejos de nosotros echó nuestras transgresiones como lejos del oriente está el occidente.

2 Corintios 12:9 (NVI) a otros, fe por medio del mismo Espíritu; a otros, y por ese mismo Espíritu, dones para sanar enfermos;

Hebreos 4:16 (NVI) Así que acerquémonos confiadamente al trono de la gracia para recibir la misericordia y encontrar la gracia que nos ayuden oportunamente.

Salmo 51:10 (NVI) Crea en mí, oh Dios, un corazón limpio y renueva un espíritu firme dentro de mí.

¡¡¡No puedes rendirte!!!

¡Hijo mío, necesito que me ESCUCHES! ¡NUNCA PUEDES RENDIRTE! Debes luchar contra el maligno. Debes luchar para proteger a tu familia, a tu nación y a tu vida. El enemigo viene a robar, matar y destruir, pero tu debes luchar, porque vine a darte vida

abundante.
Muchos de ustedes no creen que Satanás (el diablo) existe. MIRA ALREDEDOR, ¿no ves todo el dolor y la destrucción? ¿No escuchas todas las mentiras que constantemente escupe? Tu enemigo está activo, quiere desgastarte. Quiere que te rindas. ¡NO PUEDES RENDIRTE EN NINGUNA CIRCUNSTANCIA! Si puede hacer que tú o Mi iglesia que se rindan, él gana. ¡Si LUCHAS, GANAS! Debes luchar por tu curación; debes luchar por la salvación de tu familia; debes luchar por el éxito de tus hijos; ¡debes luchar por tu paz! Si me conoces, entonces eres automáticamente un adversario de Satanás y sus principados de poder y oscuridad. Él vendrá detrás de ti, te atacará en tu momento más débil. Es por eso por lo que la Iglesia es tan importante, deben rodearse mutuamente en unidad, orar el uno por el otro; edificarse unos a otros y ayudarse en tiempos de batalla. Siempre hay una batalla en marcha. Puede ser tu batalla o la de otra persona, pero siempre hay una batalla en marcha. Siempre necesitas estar en una posición de guerrero en tu vida de oración, no puedes darle a tu adversario la más mínima apertura. Siempre debes tener toda tu armadura. Tu familia te necesita. ¡Yo te necesito! El cuerpo de Cristo, tus hermanos y hermanas te necesitan. Ponte la armadura. DE NUEVO, ¡NUNCA TE RINDAS! ¡NUNCA TE RINDAS! ¡Ya sea que elijas creerlo o no, LAS VIDAS DEPENDEN DE LA LUCHA DENTRO DE TI! Párate conmigo. Lucha conmigo. Adórame, sabiendo que soy tu retaguardia y juntos en unidad Mi iglesia puede luchar la buena batalla de la fe y vencer los males de este mundo. ¡¡¡Así que ponte tu armadura, LUCHA, UNIFICA, ¡¡¡MANTENTE Y NUNCA TE RINDAS!!!

49

ORANDO PARA SUPERAR LA SOLEDAD

Ya te lo he ordenado: ¡Sé fuerte y valiente!

Isaías 41:10 (NVI) Así que no temas, porque yo estoy contigo; no te angusties, porque yo soy tu Dios. Te fortaleceré y te ayudaré; te sostendré con la diestra de mi justicia.

Salmo 27:10 (NVI) Aunque mi padre y mi madre me abandonen, el Señor me acogerá.

Juan 14:18 (NVI) No los voy a dejar huérfanos; volveré a ustedes.

Salmo 23:4 (NVI) Aun si voy por valles tenebrosos, no temeré ningún mal porque tú estás a mi lado; tu vara y tu bastón me reconfortan.

1 Pedro 5:7 (NVI) Depositen en él toda ansiedad, porque él cuida de ustedes.

Josué 1:9 (NVI) Ya te lo he ordenado: ¡Sé fuerte y valiente! ¡No tengas miedo ni te desanimes! Porque el Señor tu Dios te acompañará dondequiera que vayas.

Padre, hoy tengo una abrumadora sensación de soledad. Me siento aislado. Tengo ganas de gritar, pero sé que nadie me oirá. La vida se siente como si estuviera en cámara lenta, se siente como si no hubiera salida a la depresión que estoy experimentando. Últimamente, la mayoría de los días deje que mi soledad me defina. Amigos y familiares parecen estar lejos, fuera de su alcance. En un mundo de 8 billones de personas, ¿por qué me siento solo?

Una Palabra del Señor

Hijo mío, la soledad que sientes no se debe a la falta de personas en tu vida, porque te relacionas con la gente todos los días. La soledad que sientes se debe a la falta de conocimiento que tienes sobre mí. Realmente soy el único que puede llenar esos lugares solitarios en tu corazón. SOY el compañero que buscas. SOY con quien necesitas estar conversando, porque SOY tu todo. Escuchas lo que dice el mundo. Escuchas lo que otras personas dicen de ti. Incluso escuchas lo que dices sobre ti mismo, PERO no me escuchas. Debes buscar Mi Palabra. Está claro en Deuteronomio 31:16: Sé fuerte y valiente. No les temáis ni tengáis miedo, porque yo, el Señor vuestro Dios, soy el que os acompaña. ¡NO TE DEJARÉ NI TE ABANDONARÉ! Hijo mío, debes concentrarte en el hecho de que estoy contigo. Nunca te dejaré. Incluso si todo parece en tu contra. ¡ESTOY A TU LADO! Aunque si estás caminando A TRAVÉS de la SOMBRA de la muerte. Debes saber que estoy contigo y te estoy consolando. Debes conectarte con quién SOY. SOY el mayor recurso que tienes para superar esta soledad / aislamiento que sientes. El aislamiento es una táctica de tu enemigo, el diablo. Él quiere que te sientas solo. Entonces, cuando las olas de soledad rueden, imagina mis brazos amorosos a tu alrededor. En el momento en que la soledad intente colarse, imagíname diciéndote que todo estará bien, solo concéntrate en MÍ. Echa todas tus ansiedades sobre mí porque me importas. No temas la soledad y el aislamiento porque estoy contigo; no te desanimes, porque yo soy tu Dios; te fortaleceré, te ayudaré, te sostendré justo con mi mano derecha. No importa quién entra y sale de tu vida. ¡ESTOY CONTIGO, ESTÉS DONDE ESTÉS!

Gracias, Señor, por entender mis sentimientos. Gracias por recordarme que eres mi fuente en todo. Por favor, impresiona sobre mí para que te imagine, tal como lo describiste. Elijo verte, MI DIOS, con tus brazos amorosos envueltos a mi alrededor, diciéndome que estaré bien. Elijo buscar tu Palabra en busca del consuelo y las respuestas que necesito. Elijo bloquear la voz del enemigo con tu Palabra. Elijo reemplazar mis pensamientos de soledad con tus pensamientos de superación. Elijo tus palabras sobre mis palabras, pensamientos y sentimientos.

En el nombre de Jesús. Amén.

50

SUPERAR OBSTÁCULOS

Esta luz resplandece en la oscuridad...

Padre, hoy tengo lo que parece ser un gigante en mi camino. Un obstáculo tan grande que parece insuperable. Sé que tu Palabra dice en Proverbios 3:5-6 - Confía en el SEÑOR con todo mi corazón, y no te apoyes en mi propia comprensión. En todos mis caminos te reconozco y harás que mis caminos se enderezan. Sé que tú diriges mi camino. Sé que estás aquí conmigo. Sé que ves exactamente a lo que me enfrento, y tienes la respuesta sobre cómo superar y derrotar a este gigante. Gracias, Jesús, que puedo hablar tu palabra a cualquier gigante y tener grandes expectativas de victoria. Así que hoy le digo tu Palabra a mi gigante.

Habla estas escrituras sobre ti mismo hasta que tu gigante sea derrotado.

Juan 16:33 (NVI) Yo les he dicho estas cosas para que en mí hallen paz. En este mundo afrontarán aflicciones, pero ¡anímense! Yo he vencido al mundo.

Romanos 8:28 (NVI) Ahora bien, sabemos que Dios dispone todas las cosas para el bien de quienes lo aman, los que han sido llamados de acuerdo con su propósito.

2 Corintios 4:8-9 (NVI) Nos vemos atribulados en todo, pero no abatidos; perplejos, pero no desesperados; perseguidos, pero no abandonados; derribados, pero no destruidos.

1 Pedro 5:10 (NVI) Luego de que ustedes hayan sufrido un poco de tiempo, Dios mismo, el Dios de toda gracia que los llamó a su gloria eterna en Cristo, los restaurará y los hará fuertes, firmes y estables.

Juan 14:27 (NVI) La paz les dejo; mi paz les doy. Yo no se la doy a ustedes como la da el mundo. No se angustien ni se acobarden.

Filipenses 4:6-7 (NVI) No se preocupen por nada; más bien, en toda ocasión, con oración y ruego, presenten sus peticiones a Dios y denle gracias. Y la paz de Dios, que sobrepasa todo entendimiento, cuidará sus corazones y sus pensamientos en Cristo Jesús.

1 Juan 5:4 (NVI) porque todo el que ha nacido de Dios vence al mundo. Esta es la victoria que vence al mundo: nuestra fe.

Juan 1:5 (NVI) Esta luz resplandece en la oscuridad y la oscuridad no ha podido apagarla.

1 Juan 4:4 (NVI) Ustedes, queridos hijos, son de Dios y han vencido a esos falsos profetas, porque el que está en ustedes es más poderoso que el que está en el mundo.

Salmo 23:4 (NVI) Aun si voy por valles tenebrosos, no temeré ningún mal porque tú estás a mi lado; tu vara y tu bastón me reconfortan.

Isaías 40:31 (NVI) pero los que confían en el Señor renovarán sus fuerzas; levantarán el vuelo como las águilas, correrán y no se fatigarán, caminarán y no se cansarán.

Proverbios 24:10 (NVI) Si en el día de la aflicción te desanimas, muy limitada es tu fortaleza.

Salmo 34:19 (NVI) Muchas son las angustias del justo, pero el Señor lo librará de todas ellas;

Zacarías 4:6 (RVR1960) Así que el ángel me dijo: «Esta es la palabra del Señor para Zorobabel: »"No será por la fuerza ni por ningún poder, sino por mi Espíritu —dice el Señor de los Ejércitos—.

51

ESCUCHANDO LA VOZ DE DIOS

Por que la palabra de Dios está viva y activa...

Padre, mi deseo más profundo es escuchar tu voz. Ayúdame a recordar que cuando renuevo mi mente con tu Palabra, que es la verdad perfecta, puedo saber que siempre me estás hablando. Estoy pidiendo que tu voz invada mi vida y que te escuche por el ruido y el caos que tan a menudo me rodea. Elijo permitir que tu voz tranquila y pequeña atravesé todas las demás conversaciones. Deja que tu voz sea la más fuerte que escuche. Elijo decir tu Palabra sobre todas las situaciones de mi vida porque es una luz en mi camino. Gracias por tu promesa de que si te llamo, me escucharás y que me responderás. Ayúdame a buscar tu Palabra, que allanará el camino para escucharte hablarme. Señor, gracias porque el Espíritu Santo me enseña todas las cosas y trae a mi memoria todo lo que me has dicho. Gracias, que pueda llegar audazmente al trono de la gracia y esperar escuchar tu voz. Gracias por poder confirmar la palabra que escucho con la palabra escrita para asegurarme de que estoy escuchando correctamente. Sigue enseñándome tus costumbres mientras busco tus profundidades. Escucharé tu voz. Gracias por tu amor que dura para siempre.

En el nombre de Jesús. Amén.

Isaías 30:21 (NVI) Ya sea que te desvíes a la derecha o a la izquierda, tus oídos percibirán a tus espaldas una voz que te dirá: «Este es el camino; síguelo».

Jeremías 33:3 (NVI) Clama a mí y te responderé; te daré a conocer cosas grandes e inaccesibles que tú no sabes.

Salmo 85:8 (RVR1977) Escucharé lo que hablará Jehová Dios; Porque hablará paz a su pueblo y a sus santos, Para que no vuelvan a la locura.

Salmo 119:105 (NVI) Tu palabra es una lámpara a mis pies; es una luz en mi sendero.

Juan 8:47 (RVR1977) El que es de Dios, escucha las palabras de Dios; por esto no las escucháis vosotros, porque no sois de Dios.

Juan 10:16 (RVR1977) También tengo otras ovejas que no son de este redil; aquéllas también debo traer; y oirán mi voz, y habrá un solo rebaño, y un solo pastor.

Juan 10:27 (RVR1977) Mis ovejas oyen mi voz, y yo las conozco, y me siguen.

Juan 14:26 (RVR1977) Mas el Consolador, el Espíritu Santo, a quien el Padre enviará en mi nombre, él os enseñará todas las cosas, y os recordará todo lo que yo os he dicho.

Juan 16:13 (RVR1977) Pero cuando venga el Espíritu de verdad, él os guiará a toda la verdad; porque no hablará por su propia cuenta, sino que hablará todo cuanto oiga, y os hará saber las cosas que habrán de venir.

Hebreos 2:11 (RVR1977) Porque el que santifica y los que son santificados, de uno son todos; por lo cual no se avergüenza de llamarlos hermanos,

Hebreos 4:12 (RVR1977) Porque la palabra de Dios es viva y eficaz, y más cortante que toda espada de dos filos; y penetra hasta la división del alma y del espíritu, de las coyunturas y de los tuétanos, y discierne los pensamientos y las intenciones del corazón.

Apocalipsis 3:20 (RVR1977) He aquí, yo estoy a la puerta y llamo; si alguno oye mi voz y abre la puerta, entraré a él, y cenaré con él, y él conmigo.

52

CONFIANZA EN LA VICTORIA

Tú vienes contra mí con espada, lanza y jabalina, pero yo vengo contra ti en el nombre del Señor Todopoderoso...

Una Palabra del Señor

Hijo mío, a medida que creces en mí llega un nacimiento de confianza. Confianza en que Mi Palabra es perfecta, y SIEMPRE logra lo que dice. Confianza en que YO SOY TU DIOS y conmigo, nada es imposible. Quiero que entiendas que mientras David se enfrentaba a Goliat, confiaba en que le daría la victoria, a pesar de que el gigante al que se enfrentaba era enorme. Tenga en cuenta que no solo se enfrentaba al gigante; se enfrentaba a todo el ejército filisteo. David sabía que a través de mí había matado a un león y a un oso. Sintió que mi fuerza se elevara en él. Cuanto más confiaba en mí, más profunda crecía su comprensión de mí. Preparé a David en el camino, para que cuando llegara el momento de enfrentarse al gigante, tuviera la confianza para hacerlo. Eso es exactamente lo que estoy haciendo contigo. Es hora de que seas audaz, como David. David le dijo a Goliat en **1 Samuel 17:45-47**, *Tú vienes contra mí con espada, lanza y jabalina, pero yo vengo contra ti en el nombre del Señor Todopoderoso, el Dios de los ejércitos de Israel, a quien has desafiado. Este día el Señor te entregará en mis manos, y te golpearé y te cortaré*

*la cabeza. Este mismo día daré los cadáveres de el
ejército filisteo a las aves y a los animales salvajes,
y el mundo entero sabrá que hay un Dios en Israel.
Todos los reunidos aquí sabrán que no es con espada
o lanza que el Señor salva; porque la batalla es del
Señor, y él los dará a todos en nuestras manos".
No soy respetuoso con las personas. De la misma
manera que entregué a David. ¡TE ENTREGARÉ!
El gigante al que te enfrentas ahora mismo no es
más grande que YO, no me importa lo que sea. SOY
más grande que tu gigante más inmenso. SOY más
grande que cualquier enfermedad o dolencia, SOY
más grande que tu mayor dolor de corazón, SOY
más grande que cualquier cosa que el enemigo pueda
lanzarte. Nada es más poderoso que YO. Necesito
que tengas la confianza de que puedes enfrentarte a
tu gigante y proclamar que vienes en el nombre del
Señor Todopoderoso, el Dios de Israel y hoy tienes la
victoria. Habla con tu gigante con confianza de que
TÚ GANAS porque YO SOY tu Dios en quien confías,
y la sangre derramada de Jesús derrota a tu gigante.
Y recuerda que cuanto más te sumerjas en Mí, mayor
será tu confianza.*

SOBRE LA AUTORA

Theda Vaughan es una apasionada y devota seguidora de Jesucristo, haciendo su debut literario con **Oraciones de Guerrero** Conversaciones con Dios.

Vive en Greenville, South Carolina, con su esposo Ricky, dos hijos, una hija, dos nueras y dos nietos. Ella es una empresaria que desea ver el amor absoluto de Dios compartido en todo el mundo. Ella ha viajado mucho al extranjero compartiendo el amor de Dios y, a través de esas experiencias, ha seguido desarrollando su vida de oración; siempre está aprendiendo a escuchar la voz de Dios de una manera mayor.

A lo largo de los años, Theda se ha inspirado al ver cómo Dios se ha movido en su vida y en la vida de los demás a través de la oración. Theda ha experimentado un encuentro de curación divina y ha visto a ella y a los negocios de su marido rescatados. Ver estas cosas y muchas otras obras milagrosas de Dios ha fortalecido e inspirado su vida de oración.

Su curación divina vino de orar con fe y creer que era el deseo de Dios que ella fuera curada. Dios organizó un evento para que los líderes llenos de fe rezaran por ella poniendo sus manos, pero ella afirma que debido a su diligencia en la oración y en no renunciar a la Palabra de Dios, Dios orestró su curación.

Theda y su esposo Ricky han hecho crecer negocios y vieron a Dios verlos a través de la venta de un negocio, bendiciéndolos financieramente y viendo sus recursos se están agotando mientras atraviesan la gran recesión en 2009. Pero con la oración, junto con la fe, Dios los sacó al otro lado. Ella ha visto el poder milagroso de Dios a través del trabajo de oración repetidamente. Las oraciones de este libro son los tipos de oraciones que ella y su esposo han rezado a lo largo de los años con resultados. Ella desea que el lector se conecte íntimamente con el Padre, Jesús y el Espíritu Santo, escuchando claramente la voz del Padre mientras entiende el amor absoluto de Dios a traves de Jesús.

Theda quiere que el lector entienda que solo a través de la oración y la comunicación con Dios puedes vivir la vida abundante que deseas.

El mejor truco que el diablo haya hecho fue convencer al mundo de que no existía.

CHARLES BAUDELAIRE

Gracias por orar
𝔒𝔯𝔞𝔠𝔦𝔬𝔫𝔢𝔰 𝔡𝔢 𝔊𝔲𝔢𝔯𝔯𝔢𝔯𝔬 Conversaciones con Dios
por Theda Vaughan!

Si este libro de oraciones te inspiró a comprometerte aún más con Dios, considera dejar una reseña en la lista de compra.
Este pequeño gesto ayuda mucho a compartir la bondad de Dios.
¡Muchas Gracias!
Asegúrate de seguir **Take Heart Books** en FB para encontrar más autores cristianos compartiendo la Palabra de Dios.

Para contactar Theda Vaughan, envía un correo electrónico a **theda@warriorprayerbooks.com**

Si desea comprar al por mayor, puede ponerse en contacto con Theda Vaughan.

www.ingramcontent.com/pod-product-compliance
Lightning Source LLC
Chambersburg PA
CBHW020904090426
42736CB00008B/493